IBRASA
LIVROS QUE
CONSTROEM

Biblioteca "EDUCAÇÃO"

Volumes Publicados:

1. *Liberdade Sem Medo*	A. S. Neill
2. *Liberdade Sem Excesso*	A. S. Neill
3. *Educação Soviética*	G. L. Kline
4. *Educação e Desenvolvimento*	Vários Autores
5. *Economia da Educação*	John Vaizey
6. *Educação é Investimento*	José Reis
7. *Psicologia Prática no Ensino*	L. Derville
8. *Técnicas Revolucionárias no Ensino Pré-Escolar*	Maya Pines
9. *A Universidade Ontem e Hoje*	M. J. Gomes Tubino
10. *Torne Seu Filho Mais Inteligente*	Joan Beck
11. *A Criança Aprende Brincando*	P. M. Pichard
12. *Liberdade na Escola*	A. S. Neill
13. *Liberdade, Escola, Amor e Juventude*	A. S. Neill
14. *Iniciação à Instrução Programada e às Máquinas de Ensinar*	Kay, Dodd e Sime
15. *Criatividade no Ensino*	Alice Miel
16. *Testes em Educação*	H. M. Vianna
17. *Diário de um Mestre Escola*	A. S. Neill
18. *Minha Luta pela Liberdade no Ensino*	A. S. Neill
19. *Como Educar Crianças em Grupo*	M. Winn/M. A. Porcher
20. *A Revolução Pedagógica – Escola Sem Muros*	Bremer e Moschzinsken
21. *A Nova Escola do Futuro*	George Denninson
22. *Método Montanari: Reeducação de Crianças Difíceis*	A. J. Montanari
23. *Eficiência e Eficácia nas Universidades*	M. J. Gomes Tubino
24. *Um Mestre na Encruzilhada*	A. S. Neill
25. *Um Mestre Contra o Mundo*	A. S. Neill
26. *Educação Sexual na Escola e no Lar*	Isaac Mielnik
27. *A Educação dos Homens Livres*	Horace Mann
28. *Educação Pública nos Estados Unidos*	L. Volpicely
29. *Teoria da Vida Moral*	John Dewey
30. *Educação de Adultos*	C. G. Grattan
31. *Ciência e Educação Liberal*	Blantey Glass
32. *Conversas Com Pais e Mestres*	Homer Lane
33. *Tecnologia Educacional*	M. J. Gomes Tubino

34. *Ensine Como Santo Agostinho*	Miguel Lucas
35. *Pais Liberados, Filhos Liberados*	A. Faber/E. Maslish
36. *Educação e Ensino*	Emídeo Nérici
37. *História da Educação Brasileira*	J. Antônio Tobias
38. *Tempo Para Fazer – Uma Metodologia Vivencial da Educação*	C. M. Ferreira/ M. J. P. Raphael
39. *Seus Filhos, o Sexo e Você*	Emídeo Nérici
40. *Avaliação Educacional*	H. M. Vianna
41. *Liberdade no Lar*	A. S. Neill
42. *Superação Pela Educação*	Emídeo Nérici
43. *Didática Necessária*	Argemiro Karling
44. *Didática no Ensino Superior*	Emídeo Nérici
45. *Contabilidade de Custos*	Lawrence/Ruswickel
46. *Test Your English*	J. M. Gonçalves
47. *Saúde na Escola – 1º Grau – Livro do Professor –*	Ruth S. Marcondes
48. *Saúde na Escola – 1º Grau – Manual do Professor –*	Ruth S. Marcondes
49. *Avaliação do Ensino*	P. D. Lafourcade
50. *O Sentido da Arte*	*Herbert Read*
51. *Curso Avançado de Psiquiatria*	Darcy M. Uchôa

AVALIAÇÃO EDUCACIONAL

FICHA CATALOGRÁFICA

VIANNA, Heraldo Marelim (1927)
V67a. Avaliação educacional e o avaliador /Heraldo Marelim Vianna. São Paulo : IBRASA, 2000.
192 p. Educação
ISBN — 85-348-0163-0

1. Avaliação Educacional. 2. Avaliação de Programa. 3 Avaliação de Projetos e Materiais. 4. Modelos em Avaliação. 5. Psicologia da Educação. I. Título. II Série.

CDU : 371.26 : 37.015.3

AVALIAÇÃO EDUCACIONAL

TEORIA-PLANEJAMENTO-MODELOS

HERALDO MARELIM VIANNA

Pesquisador Sênior do Departamento de Pesquisas Educacionais da Fundação Carlos Chagas

IBRASA
INSTITUIÇÃO BRASILEIRA DE DIFUSÃO CULTURAL LTDA.
SÃO PAULO

Direitos exclusivos
para a língua
portuguesa da

IBRASA
INSTITUIÇÃO BRASILEIRA DE DIFUSÃO CULTURAL LTDA.

Rua. Treze de Maio, 446 - Bela Vista
01327-000 - São Paulo - SP

E-MAIL editora.ibrasa@uol.com.br
E-MAIL editora.ibrasa@ig.com.br
WWW.IBRASA.COM.BR

Capa
Reprodução de uma
tela de René Magritte
(1898-1967)
arte final de
MAURÍCIUS M. MARTINO

Revisão
PATRÍCIA RUIZ

Editoração eletrônica de
CÍRCULO EDITORIAL

Impresso em 2010

IMPRESSO NO BRASIL - PRINTED IN BRAZIL

Para Thereza,
desde 16 de fevereiro de 1953

SUMÁRIO

OBRAS DO AUTOR

Testes em Educação – São Paulo. Editora IBRASA (1ª edição, 1973; 2ª edição, 1976; 3ª edição, 1978; 4ª edição, 1982; 5ª edição, 1984; 6ª edição, 1988).

Termos Técnicos em Medidas Educacionais – São Paulo Fundação Carlos Chagas, 1981.

Los Tests en la Educación – Tradução de Javier Tourón Figueroa. Pamplona, Espanha – EUNSA, 1983

Comunicação e Expressão – problemas teóricos e práticos de avaliação – São Paulo. Editora IBRASA., 1984.

Introdução à Avaliação Educacional. São Paulo – Editora IBRASA, 1989

INTRODUÇÃO

Entre toutes les passions de l'esprit humain, l'une des plus violentes, c'est le désir de savoir...

J. B. Bossuet[1]
(1627-1704)

A idéia de escrever este trabalho, baseado em uma visão personalíssima da formação do avaliador, surgiu-nos durante Seminário de Pesquisa Educacional, realizado na Pontifícia Universidade Católica de São Paulo, no primeiro semestre de 1994, sob a coordenação da Profª Drª Bernardete A. Gatti, quando tivemos oportunidade de ler e discutir o estimulante artigo de Yvonna S. Lincoln – *The Making of a Constructivist: A Remembrance of Transformations Past.*[2]

Pareceu-nos importante considerar a atuação numa área pouco desenvolvida no contexto brasileiro, mas que no momento assiste a um *boom* de demanda de trabalhos. Procuramos recuperar a construção do nosso conhecimento, o desenvolvimento das nossas percepções e da nossa capacidade de interagir criticamente. A reconstituição histórica, mesmo de um passado recente, possibilita explorar antigas experiências, que, no nosso caso, permitem desvendar os caminhos que nos levaram à teoria e à atuação prática em um domínio bastante específico, o da avaliação educacional.

---

1 Sur la Mort - sermon pour la quatrième semaine du Carême preché au Louvre, le 22 Mars 1662. (Méditation sur la Mort ou sur la Brièveté de la Vie) in *Sermons Choisis* Librairie Hachette. Paris, 1947, p. 286/308.

2 In: GUBA, E. (Ed.) – *The Paradigm Dialog*. Sage Publications, Newbury Park. CA 1990.

Avaliação: considerações teóricas e posicionamentos é uma síntese de tudo aquilo que nos levou a atuar durante alguns decênios no levantamento de dados que nos possibilitassem compreender alguns aspectos do fenômeno educacional. É uma definição de posições, é um esforço visando a identificar os principais problemas da avaliação que têm sido objeto de preocupação de muitos teóricos e que constituíram objeto de reflexão pessoal.[3]

A avaliação educacional, segundo o posicionamento que nos servirá de base na abordagem dos diferentes problemas, não constitui uma teoria geral, mas um conjunto de abordagens teóricas sistematizadas que fornecem subsídios para julgamentos valorativos. Além do mais, a avaliação nunca é um todo acabado, auto-suficiente, mas uma das múltiplas possibilidades para explicar um fenômeno, analisar suas causas, estabelecer prováveis conseqüências e sugerir elementos para uma discussão posterior, acompanhada de tomada de decisões, que considerem as condições que geraram os fenômenos analisados criticamente. A avaliação educacional é uma reflexão, ou melhor explicitando, é uma auto-reflexão sobre a origem e os condicionamentos sociais de um problema, que precisa ser esclarecido e solucionado, a partir da identificação de suas raízes aprofundadas no humano social. A ignorância do humano em avaliação educacional, na perspectiva em que nos situamos, redunda, inevitavelmente, em fracasso, pois não se analisa um ser em abstrato, mas um ser e suas circunstâncias humanas.

Alguns pensadores – Tyler, Cronbach, Scriven, Stufflebeam e Stake, estudados e discutidos no presente volume – contribuiram para o nosso crescimento e a nossa formação. Todos pesaram na nossa construção e procuramos, em diferentes momentos, fazendo um resumo de pontos fundamentais do seu pensamento, ressaltar as idéias que mais influiram em nosso comportamento profissional. O trabalho ora apresentado é, assim, quase uma prestação de contas relacionada a educadores que respeitamos por sua obra de grande ressonância.

Avaliação e o avaliador educacional seria um título auto-explicativo se não desse margem a pequenos/grandes equívocos. A sua temática centrar-se-á na resposta a três indagações que orientarão o trabalho: – *a Avaliação Educacional é um espaço possível do conhecimento humano sistematizado?*

3 Ao final de cada capítulo, Notas e Comentários são apresentados, esclarecendo e complementando aspectos do texto.

quais os problemas relativos à construção e delimitação desse espaço? se essa é uma área com especificidade, que aspectos são relevantes na construção de profissionais que atuam ou atuarão nesse espaço?

A avaliação educacional, no conjunto do pensamento pedagógico, não gera verdades incontestáveis, mas formula argumentos plausíveis para a análise e, possivelmente, a explicação do que constitui objeto da reflexão do avaliador. O progresso em avaliação dá-se, desse modo, em função da crítica que gera novos parâmetros capazes de explicar as realidades submetidas ao seu exame. A reflexão em avaliação educacional produz explicações que permitem o surgimento de outros elementos teóricos, ou seja, a análise/crítica é o caminho para a construção de novas idéias, novos conhecimentos. A avaliação, entretanto, não cria princípios gerais, apenas possibilita explicações específicas para um determinado contexto, processo ou procedimento, entre outros aspectos, relacionados aos sujeitos sob influência da ação educativa.

A primeira versão do presente livro foi apresentada como tese para atendimento à exigência parcial visando a obtenção do título de Doutor em Psicologia da Educação, na Pontifícia Universidade Católica de São Paulo (PUC/SP). Após revisão, modificação e acréscimos, o trabalho inicial foi parceladamente divulgado na revista *Estudos em Avaliação Educacional* nº 16 (jul-dez, 1997), nº 17 (jan-jun, 1998), nº 18 (jul-dez, 1998) e nº 19 (jan-jun, 1999), publicação da Fundação Carlos Chagas, São Paulo.

Desejamos expressar a nossa gratidão à Drª Bernardete A. Gatti, que, com *esprit de géométrie* associado a *esprit de finesse*, conduziu os Seminários de Pesquisa I e II, na Pontifícia Universidade Católica de São Paulo, fazendo com que alterássemos os planos iniciais do trabalho, que se transformaram na presente reflexão. Aos Drs. Cláudia Leme Ferreira Davis e Antônio Carelli, da Pontifícia Universidade Católica de São Paulo (PUC-SP) e da Universidade de São Paulo (USP), respectivamente, que discutiram a versão inicial e ofereceram sugestões críticas, o nosso reconhecimento. Ao Dr. Sérgio Francisco Costa, da Universidade de São Paulo (USP) e da Universidade do Grande ABC (São Paulo), que deu sua contribuição à atual versão deste livro. Ao Prof. Aroldo Sisson Possollo, companheiro de longos anos de estudo no Colégio Pedro II (Rio de Janeiro), que reviu, e a Heloísa Padula, que conseguiu ler os originais e digitá-los, o nosso agradecimento.

Capítulo I

AVALIAÇÃO: CONSIDERAÇÕES TEÓRICAS E POSICIONAMENTOS

1.1 Introdução

A avaliação educacional, no atual contexto brasileiro, vive momento eufórico e afeta diferentes segmentos da comunidade educacional em diversos níveis administrativos. A avaliação não se limita apenas à verificação do rendimento escolar, atividade rotineira (e burocrática) no âmbito institucional da escola. A avaliação atual concentra-se em um nível maior, segundo uma perspectiva integrada a programas de qualidade. Subitamente, a avaliação do ensino básico passou a ser uma exigência, ainda que seu impacto seja mínimo, na maioria das vezes. Os estados, dentro de suas limitações, procuram avaliar seus sistemas de ensino, abrangendo, muitas vezes, a totalidade do seu alunado. As avaliações de programas (cursos) e até mesmo de instituições passaram a dominar os centros educacionais federativos via programação especial à distância. O MEC, associado à Universidade Nacional de Brasília (UnB), procura desenvolver *expertise* em nível de 3º grau, afetado, no momento, pela propositura de diferentes formas de acesso à universidade que fogem à ortodoxia e à tradição. Assim, antes de apresentarmos a nossa percepção sobre alguns teóricos da avaliação que nos influenciaram, parece-nos importante considerar diferentes questões ligadas à avaliação e apresentar o nosso posicionamento, antecipando, desse modo, alguns pontos que serão mais tarde explorados com maior amplitude, ao enfocarmos as figuras de Tyler, Cronbach, Scriven, Stufflebeam e, especialmente, a grande figura humana de Robert E. Stake.

1.2 Avaliação: seu interesse

Antes de prosseguir, tentaremos responder a uma pergunta que é, sem dúvida, de relevância para toda a sociedade: por que o atual interesse pela avaliação? sempre não houve, desde os primeiros tempos, alguma forma de avaliação? Sem dúvida, desde o início do processo civilizatório houve alguma forma de avaliação. Ousaríamos dizer que a avaliação surgiu com o próprio homem, se entendermos por avaliação a visão apresentada por Stake – o homem observa; o homem julga, isto é, avalia. A avaliação, entretanto, no seu devenir sofreu transformações e gerou novas construções. É um constante vir-a-ser na área das ciências do homem, tornando-se uma atividade complexa, fundamentada no pensamento descritivo, analítico e crítico. O seu enfoque não está circunscrito ao aluno e seu rendimento, ao desenvolvimento de atitudes e de interesses, que constituem o produto do processo instrucional que ocorre na escola. O seu interesse se ampliou, mas não ficou no âmbito da microavaliação (Payne, 1974). Passou a se interessar por grupos de indivíduos (alunos, professores, administradores, técnicos etc); projetos, produtos e materiais; instituições e sistemas educacionais nos seus diversos níveis e competências administrativas, evoluindo, assim, para uma área bem mais ampla, que constitui o campo de macroavaliação.

É evidente que para essa modificação bastante ampla houve a influência de um concurso de fatores, em que se destacam, inicialmente, a tomada de consciência dos educadores face à complexidade do seu campo de atuação e à necessidade de definir e avaliar a prioridade de alguns problemas no mundo moderno, como, por exemplo, a educação de crianças de 0 a 6 anos; a extensão da educação a populações marginais e/ou carentes, que exigem o emprego de novas metodologias e, às vezes, de formas heterodoxas de avaliação; a questão crítica das altas taxas de reprovação – muito possivelmente em decorrência de avaliações precárias, hipotetizamos; e a necessidade, entre outros problemas usualmente relevantes, de selecionar e treinar professores capazes para sistemas educacionais de massa. Tudo isso envolveu, naturalmente, posicionamentos e ações a partir da avaliação desses problemas, que passaram a ser encarados sob diferentes perspectivas.

1.3 Avaliação, transformação e educação

A transformação tecno-científica, iniciada nos tempos modernos e ativada a partir da primeira década do século XX, sofreu um processo de aceleração que provocou o rápido envelhecimento dos currículos e programas, que se transformaram em obsolescências incompatíveis com a vida moderna, o que se refletiu, naturalmente, nas práticas de ensino e nos materiais pedagógicos, que se tornaram inúteis para um ensino de qualidade e uma orientação pedagógica eficiente. A avaliação vai ter um papel importante na crítica para a transformação da escola, de seus currículos e de seus programas, o que ocorreu mais visivelmente nos países do Primeiro Mundo (vide, por exemplo, os relatórios da Fundação Nuffield, na Inglaterra) e que vem ocorrendo em ritmo retardado nos chamados países emergentes (Brasil, por exemplo).

Ao que foi anteriormente apresentado, precisamos acrescentar a questão da qualidade em educação[1], preocupação generalizada de todos os segmentos sociais e não apenas uma preocupação corporativista de professores, por razões de ofício. A educação, como um valor social, extrapola os interesses circunstanciais de grupos isolados e passa a ser uma preocupação da sociedade global. Por que a decadência do ensino? Por que a perda do *status* do professor? Por que, aos poucos, a educação deixou de ser prioridade nacional, apesar do discurso político? Há toda uma rede de fatores confluentes e que se interpenetram gerando uma rede de causas, fatos e efeitos que somente a avaliação associada à pesquisa (ou vice-versa) conseguirá deslindar essa realidade e, talvez, de forma não plenamente satisfatória.

As grandes agências financiadoras nacionais e internacionais são, em parte, responsáveis pelo desenvolvimento que a avaliação vem tendo, assim como o desenvolvimento de cursos de pós-graduação, nos seus vários níveis, com a exigência de trabalhos de pesquisa. O assunto será retomado em Tyler e na discussão sobre *accountability*, quando discutiremos a avaliação nos Estados Unidos, especialmente a partir dos anos 60. Os altos investimentos financeiros exigem, necessariamente, um projeto de avaliação que demonstre os resultados em termos de custos-benefícios, apesar de, muitas vezes, essa demanda refletir uma concepção

1 Vide *Estudos em Avaliação Educacional*, nº 5, 1992, dedicado inteiramente ao problema. Fundação Carlos Chagas, São Paulo.

econometrista de educação, sem considerar a componente humanista. A exigência tem contribuido para que a avaliação se torne uma constante no processo educacional, envolvendo não apenas a avaliação do aluno (rendimento escolar), mas considerando outros elementos (currículos, programas, professores, rede física etc.) igualmente válidos para expressar a qualidade de um sistema educacional.[2]

Uma ressalva, entretanto, precisa ser feita. Impõe-se uma análise crítica da avaliação, cujos produtos nem sempre são satisfatórios, inclusive nos países que já fizeram a sua revolução educacional e dispõem, entre seus educadores, de uma massa crítica extremamente capaz. As avaliações, admitindo-se que sejam feitas com suficiente *expertise*, ainda assim apresentam problemas, que decorrem, em parte, como assinalou Stufflebeam et al. (1971), da falta de uma tipologia que permita estabelecer o máximo possível de informações necessárias ao processo decisório; da carência de instrumentos válidos (e fidedignos) que possam ser utilizados para captar a complexidade dos fenômenos que são objeto da avaliação; da inexistência de um sistema informatizado que possibilite organizar, processar e relatar as diversas variáveis envolvidas na complexidade das múltiplas dimensões intervenientes nos diferentes processos educacionais; e, finalmente, a falta de mão-de-obra qualificada para atender à complexidade daquilo que constitui o objeto de nosso maior interesse – avaliar e tomar decisões fundamentadas.

1.4 Avaliação, mensuração e valor

A avaliação educacional com a abrangência que possui nos dias fluentes somente se iniciou na década de 40, graças à intensa atuação de Tyler, como detalharemos na discussão de suas idéias, e, durante os anos 60, à produção teórica de Cronbach, Scriven e Stake, que abordaram aspectos fundamentais dos procedimentos de avaliação, influenciando a geração que começou a trabalhar nessa área. Ao apresentarmos diferentes definições de avaliação, antecipamos a idéia de que, no processo de formação do avaliador, a definição que formulamos, ou aceitamos, condiciona os procedimentos do avaliador.

Antes de enfrentarmos a questão, faz-se necessário esclarecer que, ainda hoje em dia, apesar do desenvolvimento da avaliação, prevalece a injus-

---

2 *VIANNA, H. M. Avaliação da Qualidade em Educação – apresentação de um modelo.* Estudos em Avaliação Educacional, *nº 5, 1992, São Paulo: Fundação Carlos Chagas. (ver Anexo).*

tificada confusão entre avaliação e mensuração. Uma rápida reflexão histórica mostra que a avaliação, inicialmente, confunde-se com medida, surge, assim, como uma disciplina psicométrica, ou mais exatamente docimológica. Por outro lado, os estudos sobre diferenças individuais, iniciados no princípio do século XIX, contribuem para que a identidade entre avaliação e medida se acentue, mesmo no espírito dos mais esclarecidos; por sua vez, nessa mesma época, a avaliação é associada à mensuração do rendimento escolar, confusão que ainda persiste nos dias fluentes, em que medir, quantificação de um atributo, segundo determinadas regras, é visto como avaliar. A medida pode ser um momento inicial de uma avaliação, mas não é condição essencial para que se tenha uma avaliação, que se concretiza quando ocorre um julgamento de valor, na visão de Scriven (1967), ao analisar os desdobramentos metodológicos da avaliação.

Seguindo a lógica de Scriven, a avaliação está ligada à determinação do valor de alguma coisa para uma certa destinação; desta forma, para avaliar cumpre determinar um universo de informações que permita ajuizar uma manifestação de valor em relação ao que pode ser um programa, um produto, um material e não exclusivamente o rendimento escolar (Worthen e Sanders, 1973). A fim de que a avaliação se concretize há necessidade de um conjunto de atividades formais, sistemáticas, no dizer de Popham (1975), que nos levam a ter condições de apresentar um juízo de valor sobre determinado aspecto de proceder educacional. A avaliação, para outros, não precisa ser um processo sistemático, pode ser assistemático, baseando-se na *expertise* de alguém, ou seja, na vivência de um profissional qualificado e experiente no campo educacional. As avaliações informais são bastante freqüentes em educação e perfeitamente válidas. Nem sempre há necessidade de criar todo um complexo tecnológico, apoiado em sofisticados procedimentos estatísticos, para a avaliação de um livro, por exemplo, ou mesmo de um programa. Avaliações impressionistas, desde que bem feitas com base no julgamento de pessoas qualificadas, podem ser extremamente úteis no dia-a-dia da educação, ainda que possam se revestir de um caráter por muitos considerado não-científico, porque eivado de subjetividade. A subjetividade, veremos ao analisarmos as colocações de Stake, tem o seu lugar e o seu significado na avaliação educacional, apesar da reação daqueles que não se tornaram autônomos em relação ao pensamento positivista, que teve o seu momento em uma fase da evolução do pensamento, inclusive do educacional. Aos poucos, a área da avaliação se vai dando conta de que percepções e intuições podem conduzir à geração de conhecimentos; entretanto, simultaneamente, a avaliação procura sistematizar suas atividades, na medida do possível, para, aos poucos, criar uma estrutura que permita a coleta de diferentes tipos de informação que possibilitem verificar a congruência das intencionalidades em educação (Tyler, Stake), apresentar juízos de valor (Scriven) e tomar decisões face às alternativas que nos são oferecidas (Stufflebeam) [1].

1.5 Avaliação – dimensão histórica, definições

Se colocarmos o problema da avaliação educacional em sua dimensão histórica, veremos que Tyler (1942), há mais de meio século, apresentou a avaliação como um processo de estabelecimento da comparação entre os desempenhos e a concretização de objetivos instrucionais pré-definidos. A definição de Tyler, atacada por uns, aceita incondicionalmente por outros, teve amplas repercussões, inclusive influenciando o pensamento de Stake (1967) na construção de um modelo neo-tyleriano – *countenance* em avaliação – em que os *intents* (intenções, objetivos) desempenham importante papel, como será analisado posteriormente. Outros também se preocupam em definir avaliação, como foi o caso de Scriven (1967), que com sua intensa atuação marcou o campo da avaliação educacional. Scriven destaca a avaliação como um processo de levantamento de dados para análise e posterior determinação do valor de um certo fenômeno, posicionamento que vai influenciar grande número de teóricos da avaliação, inclusive Stufflebeam et al. (1971). Estes desenvolveram todo um plano teórico baseado na idéia de que a avaliação visa a tomada de decisões, ou seja, é um processo de identificar e coletar informações que permitam decidir entre várias alternativas. Ora, ainda que Stufflebeam e seus colaboradores não tenham explicitado e incluído um julgamento de valor na sua conceituação de avaliação, ele está implícito na mesma, porque escolher entre diferentes alternativas para tomar uma decisão exige, como condição necessária e indispensável, a realização de julgamentos de valor [2a] [2b].

1.6 Avaliação e pesquisa

Antes de considerarmos outros aspectos ligados à avaliação educacional e ao avaliador, precisamos nos posicionar sobre uma questão que não é unicamente teórica, mas que tem suas implicações práticas: as relações entre a avaliação e a pesquisa. Este problema pode ser considerado sob dois aspectos: 1) a avaliação é uma aplicação dos métodos da pesquisa na solução de problemas específicos de uma área; e 2) a avaliação e a pesquisa são campos diferentes, possuindo cada um deles características específicas. Uma questão se nos apresenta de imediato: – haveria necessidade de discutir se esses dois campos da atividade científica em educação apresentam aspectos convergentes ou se, ao contrário, são áreas singulares, cada uma com as suas próprias especificidades? Não se trata de uma questão especulativa, tendo em vista que, em função do posicionamento adotado, o comportamento do avaliador e/ou do pesquisador, no exercício das suas atividades empíricas, vai variar na definição, no planejamento e no desenvolvimento do seu programa de trabalho, assim como na elaboração do relatório final da avaliação e/ou da pesquisa (Norris, 1990).

À primeira vista, observa-se que há uma transvariância entre pesquisa e avaliação[3]: entretanto, na prática efetiva da avaliação, é possível perceber, como o fazem Glass e Worthen (1971) e Worthen e Sanders (1973), que existem características de uma e de outra que as distinguem, bastando, no caso, que se considere, entre outros aspectos, as diferenças de motivação do pesquisador (curiosidade científica) e do avaliador (interesse na solução de um problema), os objetivos da pesquisa (estabelecimento de conclusões) e os da avaliação (possibilitar a tomada de decisões), o caráter da pesquisa (nomotético – estabelecimento de leis/princípios) e o da avaliação (ideográfico – descrição de um fenômeno), o grau de autonomia do pesquisador (maior) e o do avaliador (menor), a utilidade social (direta, na avaliação; indireta, na pesquisa); o nível de universalidade dos fenômenos estudados (amplo, na pesquisa; restrito, na avaliação), a questão do valor, que é determinante na avaliação, orientando, inclusive, a procura das informações necessárias; as técnicas investigativas apresentam grandes similaridades em relação à determinação e ao julgamento da validade; a pesquisa é julgada em função de sua validade interna e externa, enquanto na avaliação o critério de julgamento se fundamenta na sua utilidade e na sua credibilidade, como destacaram Glass e Worthen (1971) [3].

---

3 *Veremos mais adiante a posição de Stufflebeam, mostrando que existe um traço comum entre pesquisa e avaliação, que é a obtenção de conhecimento para a compreensão dos fenômenos educacionais e a solução de seus problemas.*

Apesar da argumentação apresentada por muitos teóricos, parece-nos que a distinção entre avaliação e pesquisa não seja tarefa simples de ser concretizada. Há entre pesquisa e avaliação uma comunalidade de aspectos, bastando lembrar que a avaliação está relacionada ao desenvolvimento geral da pesquisa científica e que os interesses dos avaliadores e dos pesquisadores na área educacional nem sempre se revestem de significado, e toda discussão sobre similaridades e diferenças entre avaliação e pesquisa deve ser feita com extremo cuidado, a fim de não partirmos de abstrações que acabem levando a comparações entre fases do processo de pesquisa e da avaliação apresentadas nos livros, textos e manuais didáticos. As conclusões não partem de uma análise comparativa do desenvolvimento da pesquisa e da avaliação, mas de posicionamentos idealistas e prescritivos de como deve ser o processo de cada uma delas, não podendo, assim, oferecer uma descrição efetiva das atividades de uma e de outra. É necessário destacar que, ao compararmos pesquisa e avaliação, não podemos ignorar que suas metodologias foram influenciadas por metodologias de outras áreas do conhecimento, em particular, da psicologia, da sociologia e, sobretudo, da antropologia, o que faz com que a avaliação e a pesquisa tenham inúmeros pontos de confluência e, assim, apresentem pontos de identidade e abordem aspectos que podem diferir quanto à ênfase que lhes é dada, mas não em relação à relevância na criação do conhecimento e na solução de problemas [4].

1.7 Abordagens conceituais e orientações teóricas

Ao tratarmos de algumas questões teóricas, selecionadas entre as que julgamos de maior relevância, no caso do presente trabalho, não podemos deixar de analisar diferentes abordagens conceituais e orientações teóricas. A existência de diversos tipos de avaliação, em decorrência de pressupostos metodológicos ou epistemológicos, leva-nos à discussão dos paradigmas e modelos em avaliação, que será precedida de considerações sobre Popper e o positivismo. Algumas idéias de Kuhn sobre paradigmas antecedem nossas colocações referentes a modelos e a nosso posicionamento face à avaliação responsiva e à avaliação iluminativa.

Os anos 90 assistiram ao desaparecimento de duas grandes figuras do pensamento científico moderno: Karl Popper (1902-94) e Otto Kuhn (1922-96), que, com suas idéias provocativas e polêmicas, contribuiram para gerar novas perspectivas no campo da filosofia da ciência e, de forma indireta, acabaram influenciando as várias metodologias de pesquisa e de avaliação educacional. Não nos ocuparemos dos grandes problemas epistemológicos, o que foi feito com bastante brilho pelos autores do livro editado por Egon G. Guba (1990)[4], mas tão somente procuraremos apresentar algumas das idéias de Popper e Kuhn, que, entre outras, precisam ser consideradas por quem se dedica à avaliação educacional e que são necessárias para a compreensão do nosso posicionamento.

A partir de sua obra mais conhecida[5], acreditamos seja o momento para algumas reflexões baseadas nas posições teóricas de Popper que dizem respeito tanto à pesquisa como à avaliação. Segundo Popper, as ciências, inclusive as do homem, baseiam-se em construtos teóricos que necessitam ser testados em sua veracidade, a fim de que sejam integrados à constelação conceitual que constitui o corpus científico. Os construtos – formulações hipotéticas sobre a natureza de um fenômeno –, como todos os produtos da concepção humana, devem ser analisados, inclusive experimentalmente, se possível, para que se possa determinar a consistência de sua estrutura lógica. A preocupação é comum a todos os avaliadores em educação, que se vêem na contingência de avaliar e pesquisar grande número de construtos, como rendimento escolar, compreensão de textos, atitudes, habilidade verbal, aptidão numérica, etc; que nem sempre são fáceis de definir operacionalmente e de avaliar, diante da precariedade e limitação dos recursos instrumentais.

Precisamos esclarecer, dentro da perspectiva de Popper, que, quando um construto é estabelecido, a preocupação do cientista (e também a do avaliador) não se concentra na explicação de sua gênese, mas no conhecimento de sua lógica interna (validade) e de suas relações com outros construtos, em um processo de confirmação ou contradição. O problema para o avaliador, na nossa concepção, não está na procura de como esse construto surgiu, mas sim no modo de analisá-lo de forma a permitir um pensamento crítico sobre a sua natureza.

A atividade do avaliador torna-se bastante complexa, exigindo o emprego de técnicas sofisticadas, quando se considera que um construto precisa ser comparado a outros para que se possa determinar se o novo construto representa, efetivamente, algum avanço em relação ao anterior; por outro

---

4 *GUBA, E. G. (Ed.)* The paradigm dialog. *Sage Publications, Newbury Park, CA 1990.*

5 POPPER, K. R. *A lógica da pesquisa científica*. In: Moritz Schlick, Rudolf Carnap e Karl R. Popper. Coletânea de Textos. *Os Pensadores* Abril Cultural Ed Victor Civita. São Paulo, 1975

lado, é preciso testar a aplicabilidade de suas conclusões na explicação dos fenômenos e comparar o construto a outros anteriormente comprovados, confirmando sua veracidade ou positivando sua falsidade. O problema implícito, no campo da avaliação, estaria na comprovação da validade dos instrumentos que supostamente estariam medindo os traços ou características definidas nos construtos. É necessária a construção de uma rede nomológica[6], como colocam Cronbach e Meehl.[7] Popper, por sua vez, lembra, com bastante propriedade, que um construto nunca é permanente; outros, com o progresso do conhecimento, podem anulá-lo. Assim, os construtos devem ser reiteradamente verificados em suas diferentes dimensões para que sua validade seja ou não corroborada, o que implica trabalho de grande responsabilidade para o avaliador.

As idéias de Popper são bastante provocadoras e não podem ser examinadas em sua totalidade no âmbito do presente trabalho, nem é esse o seu objetivo. Gostaríamos, entretanto, de fazer referência a suas colocações sobre objetividade e indução, por suas implicações no âmbito da pesquisa e da avaliação educacional. A ciência, no dizer de Popper, preocupa-se com o objetivo. E a objetividade seria a característica de um construto, no sentido de que é objetivo tudo aquilo que é possível de ser testado e permite repetições controladas para constatação de sua ocorrência efetiva. As teorias deveriam, assim, ser testadas nos seus fundamentos básicos, e não apenas verificadas, antes da sua aceitação.

Parece-nos que Popper fica preso ao cientifismo e ao positivismo, ignorando as limitações do mesmo, e que muitas teorias nem sempre podem ser testadas em seus fundamentos, sendo válidas por sua lógica interna e por explicarem, ainda que transitoriamente, um determinado fenômeno na área educacional e, em geral, no campo das ciências do homem. As teorias são basicamente construtos, um conjunto de idéias logicamente estruturadas sobre as quais hipotetizamos e procuramos aplicá-las na compreensão do mundo e de seus fenômenos.

É preciso não esquecer que Popper, inicialmente, pertenceu ao Círculo de Viena e que seu pensamento foi receptivo às idéias de David Hume (1711-1776) e Stuart Mill (1806-73); desse modo, pode-se compreender a propositura de sua questão sobre até que ponto a indução poderia ter

---

6 *Nomológica, que é relativo à nomologia, estudo das leis que presidem os fenômenos naturais.*

7 CRONBACH, L. J. e MEEHL, P. E. Construct validity and psychological tests. *Psychological Bulletin*, 52, 1955

um papel significativo para a compreensão da lógica do conhecimento e da sua veracidade. A indução, segundo a colocação de Popper, pouco representaria como princípio orientador da pesquisa do conhecimento científico, e deveria ser evitada, pois sua suposta lógica nem sempre seria consistente, permitindo, quando muito, inferências probabilísticas, que não possibilitariam assegurar a veracidade ou falsidade de um construto, mas apenas se seria provável ou não, o que não constituiria uma efetiva contribuição para o desenvolvimento do pensamento científico.

O problema do positivismo e, especialmente, a questão da importância da indução na avaliação educacional será objeto de consideração na discussão das idéias de Stake e da avaliação responsiva. Podemos, entretanto, antecipar que a discussão dedução x indução parece-nos, hoje, inteiramente superada, tendo em vista o desenvolvimento da avaliação qualitativa, seu amplo emprego nos dias fluentes e o desenvolvimento de novas metodologias com uma abordagem naturalista, bastando considerar a fundamentação apresentada por Guba e Lincoln (1981, 1985 e, especialmente, a obra de 1989), que oferece novas perspectivas para a avaliação, partindo de uma abordagem que situa a avaliação em um amplo contexto humano, político, social e cultural, em que o pensamento indutivo vai desempenhar um papel relevante, dando um novo sentido à avaliação educacional.

Antes de um maior detalhamento sobre paradigmas em avaliação, apresentaremos algumas das idéias de Kuhn que tiveram grande repercussão a partir da publicação, no início da década de 60, do seu livro, hoje um clássico, – *A Estrutura das Revoluções Científicas*, que tem como idéia nuclear o conceito de paradigma. Kuhn apresentou a tese de que cada disciplina científica resolve seus problemas dentro de uma estrutura pré-fixada com base em pressupostos metodológicos, convenções lingüísticas e experimentos. A ciência, assim desenvolvida, na argumentação kuhniana, acaba por entrar em choque com situações em que se vê impossibilitada de resolver um número cada vez maior de problemas com fundamento no paradigma então vigente – é uma situação de crise, que somente será superada com o surgimento de um novo paradigma.

A turbulência da crise gera novos paradigmas, o que traduz um avanço, apresentando inovações que superam os elementos geradores da crise e os problemas que a provocaram, segundo a concepção de Kuhn. Surge, assim, um novo paradigma. São estas crises, com a configuração de novos paradigmas, que possibilitam o progresso da ciência, na visão de Kuhn. O paradigma ptolomaico se exauriu e não conseguiu explicar os problemas da cosmologia no início dos Tempos Modernos. Surgiu, então, superando-o, o paradigma de Copérnico; depois, o de Newton; mais tarde, o de Einstein .... e assim caminhou e se desenvolveu a ciência, numa apresentação extremamente esquematizada.

As concepções de Kuhn abriram novas perspectivas, superando o positivismo em ciência, que supunha ser o saber científico resultado de um processo linear de identificação de verdades objetivas e da estruturação da ciência em torno dessas verdades. A concepção de Kuhn é bem diversa dos positivismos e cientificismos. É uma proposta que mostra o poder criativo da ciência ao passar de um paradigma para outro. Assim, na visão kuhniana, a função do paradigma seria constituinte e criadora da ciência, possibilitando o crescimento do saber.

Nem tudo foi aceitação e muitas das idéias de Kuhn foram contestadas, a partir do próprio uso da palavra paradigma, que, a acreditar em Masterman, citado por Norris (1990), é empregada em seu texto básico com 21 sentidos diferentes; por outro lado, há um argumento maior que precisaria ser discutido nas suas implicações: – até que ponto as mudanças de paradigma, na metodologia das ciências do homem, teriam força suficiente para alterar a estrutura dos problemas na avaliação educacional? Ter-se-ia que pensar, também, na relação que existe entre o paradigma e a prática da avaliação. A maior preocupação dos avaliadores, como é o caso de Parlett e Hamilton (1973), centra-se nos paradigmas que englobariam visão de mundo, conjunto de crenças, novas maneiras de ver e outros mais que se revestem de um caráter que costuma ser categorizado como "metafísico".

1.8 Paradigmas

A questão dos paradigmas merece um maior aprofundamento e passamos, então, a examiná-la em função do paradigma naturalista, segundo a linha de pensamento de Guba e Lincoln, cuja argumentação nos parece bastante coerente, em termos da fase atual de desenvolvimento da avaliação; por outro lado, a apresentação constituirá o elo de ligação relativo aos próximos assuntos, apresentados no presente capítulo, sobre modelos, avaliação responsiva e avaliação iluminativa.

Ao discutirem as bases epistemológicas e metodológicas da pesquisa naturalista, Guba e Lincoln (In: Madaus et al., 1993) tecem importantes considerações sobre os paradigmas. Em geral, o paradigma naturalista e o paradigma científico, que chamam de paradigma racionalista. Inicialmente, destacam a pesquisa naturalista como um paradigma de investigação, ou seja, um padrão ou modelo de como uma pesquisa pode ser conduzida. Mostram que a investigação naturalista é caracterizada por ocorrer em um contexto natural, utilizar o estudo de caso e apoiar-se principalmente em métodos qualitativos, que, entretanto, são aspectos que não a caracterizam devidamente. Os autores, desse modo, chamam a atenção para outras características, tendo em vista que o conjunto anterior não traduz realmente o que seja um paradigma. O local (contexto), o formato da pesquisa (estudos de caso) e a natureza do método não são suficientes para configurar um paradigma, na concepção de Guba e Lincoln, os quais deixam claro que os paradigmas são sistemas axiomáticos caracterizados por diferentes pressupostos relacionados com fenômenos a investigar ou avaliar.

Guba e Lincoln (In: Madaus et al., 1993) mostram que existem diferentes paradigmas de pesquisa sobre os mais diversos aspectos da vida humana, os paradigmas científicos ou racionalistas. Outros paradigmas – naturalistas – estão surgindo em oposição aos anteriores. Argumentam que o suposto sucesso do paradigma racionalista nas ciências sociais e comportamentais é equivocado e perguntam-se: onde estaria o resíduo de mais de 100 anos de pesquisas em psicologia e educação? Os pesquisadores enfrentam dificuldade em aplicar o próprio paradigma, segundo seus pressupostos, citando o caso da amostra aleatória, como sendo, virtualmente, impossível por razões políticas e éticas. A questão do impacto das pesquisas científicas é posta de uma forma bem agressiva: "*The impact of research on pratice is conpiscuous by its absence...*" (p. 312), haja vista o caso das avaliações educacionais, cujos dados quase nunca são usados, e a prática da escola baseia-se na experiência dos professores e dirigentes.

Guba e Lincoln (1993) questionam o valor do paradigma científico por refletir uma "epistemologia da ciência desacreditada – o positivismo"(p. 312), ainda que muitos continuem a agir como se o positivismo ainda fosse válido e persistem aceitando um posicionamento que é essencialmente analítico, reducionista, empiricista, associacionista, relativista, nomológico e monístico, acentuam os referidos autores. A alternativa, para Guba e Lincoln (In: Madaus et al., 1993), seria a investigação/avaliação naturalista, por sua relevância contextual e riqueza, sua sensibilidade ao processo, e por apresentar uma teoria fundamentada em dados, uma teoria que explica os dados (e não uma teoria que se ajusta aos dados); finalmente, os autores argumentam com o poder do "homem como instrumento" da própria pesquisa/avaliação.

As conclusões de Guba e Lincoln são no sentido de que estamos no meio de uma revolução paradigmática, tendo em vista que o paradigma científico nem sempre se revela capaz de responder às questões das ciências sociais e comportamentais, chegando o momento de um novo paradigma, que, na opinião dos autores, é o naturalista, com uma nova visão da natureza da realidade, da natureza da relação investigador-objeto, da natureza das sentenças verdadeiras, dos pressupostos de relações causais e, finalmente, do papel dos valores.[8]

1.9 Modelos

O uso da palavra modelo é de grande freqüência em avaliação, apesar de não haver um conceito bastante preciso do seu significado, como tentaremos mostrar mais adiante. Se atentarmos para o seu emprego, verificaremos que pode se referir a uma determinada concepção de avaliação, mas, em outros casos, a mesma palavra passa a significar uma certa forma de abordagem, e, numa terceira situação, o vocábulo é usado para traduzir um método empregado em avaliação. Acreditamos não ser simples encontrar uma definição que não seja passível de discussão, dada a diversidade de significados com que os teóricos da avaliação a empregam.

Os modelos em avaliação educacional, na verdade, descrevem o que os avaliadores fazem ou prescrevem o que devem fazer. A palavra modelo é usada em dois sentidos: 1) prescritivo, que é o mais comum, apresenta um conjunto de regras, prescrições, proibições, quadros referenciais, que especificam o que é bom e próprio para a avaliação e como a avaliação deve ser feita; 2) descritivo, conjunto de afirmações e generalizações que descrevem, prevêem e explicam as atividades da avaliação, conforme a colocação de Alken e Ellett (In: Walberg e Haertel, 1990).

8 *Ao final do capítulo 6* – Avaliação Responsiva: Robert Stake – *apresentaremos um comentário relativo à avaliação naturalista.*

Os modelos quase sempre se concentram na avaliação do ensino, aprendizagem e eficiência do currículo; outros consideram atividades, práticas e políticas que facilitam o ensino, a aprendizagem e a eficiência do currículo; outros, ainda, preocupam-se com aspectos administrativos, financeiros e com as implicações sócio-políticas da educação. Tudo isso, reflete a complexidade da avaliação, que abrange um amplo espectro de problemas, desde situações específicas ligadas à epistemologia e à natureza da pesquisa científica até problemas de relevância ligados à política educacional e à ética na avaliação.

Alken e Ellett descrevem em detalhes as características dos modelos prescritivos, suas preocupações com a metodologia, valores e uso dos resultados, elementos que dão margem a controvérsias e discussões entre os teóricos, especialmente no que diz respeito à ênfase a ser dada a cada uma das categorias. O suposto "modelo" de Scriven é utilizado para uma discussão aprofundada dos vários aspectos de um modelo que seria prescritivo. Quase todos os teóricos da avaliação acabam por apresentar, em certa medida, modelos que são prescritivos, pelo destaque que dão à metodologia, a valores e ao uso dos dados. As diferenças entre os modelos prescritivos estão na ênfase que cada um deles dá às diferentes categorias (aspectos), ora, concentrando na metodologia, ora, no aspecto valorativo e, outros ainda, dando maior ênfase ao uso; mas, qualquer que seja o destaque, os três elementos coexistem nos modelos prescritivos.

Alken e Ellet (In: Walberg e Haertel, 1990) chamam a atenção para as diferentes percepções de alguns modelos, que fazem da avaliação sinônimo de pesquisa experimental; outros, destacam os dados quantitativos – condição *sine qua non* da avaliação, nesta visão. Vários teóricos e avaliadores afirmam que a essência da avaliação estaria na quantificação (medida). Muitos, também, acreditam que somente os testes referenciados a critério são os instrumentos adequados para a avaliação educacional, havendo ainda quem advogue modelos causais, com procedimentos quase experimentais. Enfim, as variações nos modelos prescritivos são as mais diversas, contemplando uma grande diversidade de situações e usando diferentes metodologias.

Quanto à questão dos valores, há quem advogue que ao avaliador cabe fazer julgamentos de valor, a partir dos dados coletados de diferentes fontes ou com base nas suas vivências pessoais, no seu conhecimento e na sua experiência. Mas o assunto não é pacífico; há discordâncias. Ao usuário é que caberia os julgamentos de valor. Relativamente à categoria uso, há aqueles que destacam, no contexto da avaliação, a preocupação com os responsáveis pela tomada de decisão, enquanto outros centram seu enfoque nos usuários. Não deixam de considerar a metodologia e os valores, mas seu objetivo centra-se, especialmente, em coletar dados que sejam relevantes para os responsáveis pelas decisões, tendo em vista o relacionamento dinâmico que existiria entre usuários e avaliadores. Uma observação deve ser feita: os que advogam a ênfase no uso, consideram que há uma grande identidade entre avaliação e pesquisa.

Algumas considerações devem ser feitas sobre os modelos descritivos em avaliação, ou seja, modelos que seriam uma "teoria" e corresponderiam a um conjunto de afirmações empíricas com a finalidade de descrever, predizer ou explicar atividades de avaliação. Observe-se, como fazem Alken e Daillak (In: Walberg e Haertel, 1990), que nos últimos anos, a partir da década de 70, não há estudos que se direcionem, primordialmente, para o desenvolvimento de uma teoria geral da avaliação. A maior parte dos estudos se concentra em aspectos particulares da avaliação, como os estudos de caso, cujas formulações teóricas se baseiam em dados coletados em campo.

Stake (In: Madaus et al., 1993), ao discutir avaliação de programas, mostrou que, na década de 60, havia dois conjuntos básicos de modelos: um, informal, baseado nas percepções (*insights*) de profissionais e autoridades; outro, preferido da maioria dos avaliadores (Tyler, Husen, entre outros), o do pré-teste/pós-teste. Stake, ainda que de forma simplificada, analisa nove diferentes abordagens de atividades de avaliação, entre as quais destacaremos cinco delas, por serem de interesse imediato, conforme a apresentação a seguir.

Antes de discutir a sua proposta de avaliação responsiva, Stake, com justa razão, procura destacar a diferença entre abordagem preordenada (*preordinate*) e abordagem responsiva, cujos conceitos seriam mais importantes que os de avaliação formativa e avaliação somativa, apresentados por Scriven. Antes, porém, Stake chama a atenção para o fato de que existem diferentes maneiras de avaliar um programa educacional e que nenhuma é inteiramente correta: não apresentam uma descrição de seus méritos e deficiências, ignoram importantes questões que deveriam ser levantadas durante a avaliação; mostram-se pouco sensíveis às singularidades das condições locais e ao clima proporcionado para a aprendizagem. Stake, assim, declara que prefere uma abordagem de avaliação que desempenhe um serviço e que seja útil a pessoas específicas.

Os modelos ou planejamentos preordenados de avaliação destacam objetivos instrucionais, usam testes objetivos, estabelecem padrões e fazem relatórios típicos da pesquisa educacional. O modelo responsivo de avaliação propõe-se a fazer tudo aquilo que qualquer pessoa faz quando avalia, ou seja, observa e reage. É subjetivo, mas essa subjetividade – principal argumento dos que a ele se opõem – pode ser reduzida, na opinião de Stake, pela definição operacional de alguns termos, entre outros aspectos, ainda que seja um trabalho que se baseie, fundamentalmente, nos *insights* da observação pessoal.

1.10 Avaliação responsiva

Uma avaliação é responsiva, na proposta de Stake, se sua orientação está voltada para as atividades do programa e menos para os seus objetivos; se ela corresponde à necessidade de informações propostas por diferentes públicos e se diferentes perspectivas de valor são apresentadas no relatório sobre o sucesso ou fracasso do programa. O ponto central, numa avaliação, é o plano de observação para a coleta e o registro dos dados, que devem ser de qualidade para que um retrato fiel das ações e reações possa ser apresentado e discutido.

O grande problema é que as observações estão, direta ou indiretamente, relacionadas a problemas de valor e que para cada um dos propósitos do programa há necessidade de coletar dados, pois um único conjunto de informações não é suficiente para uma avaliação. Na avaliação responsiva, dentro da proposta de Stake, cada avaliador, em cada situação, deve decidir o que espera obter. Uma das suas decisões está certamente presa à convicção de que o valor de um programa pode não estar relacionado à mensuração dos resultados. Testes e outros instrumentos nem sempre são fundamentais, mas não devem ser aprioristicamente desprezados. A observação sistemática, diz Stake, e as entrevistas devem contribuir para a compreensão do problema identificado. O importante é que o avaliador disponha de um número considerável de fontes independentes e confiáveis de informação, a fim de que possa ter uma percepção do desenvolvimento de um programa e do seu êxito.

Como proceder para realizar uma avaliação responsiva? Stake (1993) detalha os vários procedimentos e apresenta os diferentes momentos de

ALGUNS MODELOS DE AVALIAÇÃO, SEGUNDO STAKE (IN: MADAUS ET AL., 1993)

ABORDAGEM	OBJETIVOS	PRINCIPAIS ELEMENTOS	COMPETÊNCIA (ÊNFASE)	PROTAGONISTAS	RISCOS	VANTAGENS
Medida de ganho do estudante	Medir o desempenho e o progresso do estudante	Definição de objetivo, análise de escores, discrepância entre escores e a realidade	Psicólogos educacionais	R. TYLER B. Bloom W. Popham M. Provus	Super-simplificação dos objetivos educacionais, não consideração do processo	Destaca, identifica o progresso do estudante
Interação / Observação	Compreender atividades e valores	Questões educacionais, observação em sala de aula, estudo de caso, visão pluralista	Usuários do sistema educacional	L. Smith Parllett-Hamilton R. Rippey R. STAKE	Grande apoio em percepções subjetivas, ignora causas	Mostra amplo quadro do programa, identifica conflitos de valores
Análise gerencial	Aumentar a racionalidade nas decisões do dia-a-dia	Relação de opções, estimativa, retroinformação contínua, custos, eficiência	Administradores Economistas	L. Lessinger D. STUFFLEBEAM M. Alkin	Super-valorização da eficiência, subestimação de elementos implícitos	Retroalimentação para tomada de decisão
Pesquisa Educacional	Desenvolver explicações e táticas de instrução	Condições controladas, análise multivariada, base para generalização	Experimentalistas	L. CRONBACH J. Stanley D. Campbell	Condições artificiais; ignora aspectos humanísticos	Novos princípios instrucionais e desenvolvimento de materiais
Avaliação sem objetivos préestabelecidos (*goal-free*)	Avaliar efeitos de um programa	Ignora objetivos propostos; segue uma *check-list*	Consumidores em potencial	M. SCRIVEN	Supervaloriza documentos e relatórios	Informa os efeitos, minimiza fatores subjetivos

uma avaliação responsiva, que podem ser resumidos da forma seguinte: 1) discutir com os responsáveis pelo programa; 2) identificar o escopo do programa; 3) analisar as atividades do programa; 4) identificar propósitos e preocupações; 5) conceituar questões e problemas; 6) identificar necessidades de dados; 7) selecionar observadores, juízes e até mesmo instrumentos, se necessários; 8) observar antecedentes, interações e resultados, como no modelo *countenance*; 9) preparar descrições, estudos de caso; 10) validar – confirmar ou "desconfirmar"; 11) elaborar informações para vários públicos; 12) apresentar relatório formal, se for o caso.

O que importa é o que está ocorrendo no programa, inclusive a reação dos alunos e discussões posteriores. O avaliador deve procurar padrões, estruturas, fatos significativos, como esses mesmos fatos ocorreram em condições não controladas, ou modificadas pelo avaliador, e que não se devem basear apenas no seu poder de avaliação, julgamento e na sua capacidade de reagir a acontecimentos, mas valer-se da colaboração de estudantes, professores e outros mais, que possam oferecer informações para o problema em estudo e que sejam de interesse para as audiências.

A capacidade de apresentar um relatório decodificado é importante, tendo em vista que é uma oportunidade para apresentar uma experiência vicária, que é o melhor substituto de uma experiência direta, ou seja, o avaliador, numa avaliação responsiva, deve ser um contador de estórias, dominar a *art of storytelling*, a fim de retratar múltiplas realidades, em toda a sua complexidade e refletir o mistério da sua experiência.

Apesar da importância da avaliação responsiva e muitas vezes ser mais crucial avaliar o valor intrínseco de uma experiência e não exclusivamente os seus resultados; assim, Stake de forma bastante transparente mostra que, em certas circunstâncias, a investigação necessita da tecnologia do *survey* e da especificação de objetivos e, textualmente, afirma que os trabalhos de John Tukey, Torsten Husen, Ralph Tyler, Benjamin Bloom e James Popham continuarão servindo para estudos dessa natureza, considerando que diferentes modos de avaliar servem a diferentes propósitos (In: Madaus et al., 1993).

A Avaliação Responsiva, em conclusão, é particularmente útil durante a avaliação formativa, quando há necessidade de um monitoramento do programa e quando ainda não se tem certeza absoluta dos problemas que poderão surgir. Ao mesmo tempo, pode ser de grande utilidade numa avaliação somativa, quando diferentes grupos de pessoas desejam uma compreensão mais aprofundada das atividades dos programas, seus méritos, suas prováveis deficiências, e, também, quando o avaliador sente que é sua responsabilidade proporcionar uma experiência vicária, como bem coloca Stake no seu magnífico ensaio (In: Madaus et al., 1993).

Tudo isso nos conduz a refletir sobre um novo posicionamento, que está ligado à avaliação responsiva, à avaliação que, no fundo, é uma reação aos excessos das tecnalidades: – a avaliação iluminativa.

1.11 Avaliação iluminativa

A avaliação iluminativa, na concepção de Parlett (In: Walberg e Haertel, 1990), procura investigar e interpretar as práticas educacionais, as experiências dos participantes do processo educacional, os procedimentos institucionais e os problemas gerenciais de uma forma que seja útil para aqueles a que o estudo investigativo se destina. O avaliador vai contribuir para a tomada de decisão proporcionando informações, comentários e análises que aumentam o conhecimento e a compreensão dos problemas educacionais. A sua metodologia é flexível e usa técnicas diversas conforme a natureza do problema investigado.[9]

A avaliação iluminativa pode ser caracterizada como sistêmica, ou seja, é uma abordagem holística, preocupando-se, assim, com a totalidade das inter-relações existentes nos fenômenos educacionais, não se fixando em aspectos limitados de um programa ou nas correlações entre variáveis individuais. A avaliação iluminativa, como abordagem sistêmica, tem como preocupação analisar a estrutura complexa dos fenômenos. Admite que os acontecimentos devam ser vistos nas suas interrelações; aceita a possibilidade de múltipla causalidade; e tem como objetivo explicar a complexa rede de causa e efeito.

Devemos considerar a avaliação iluminativa como um esforço integrado de investigação em que cada elemento analisado contribui para a compreensão do todo; é uma abordagem que apresenta diferentes características, sendo responsiva, naturalista, heurística e interpretativa. É responsiva, na medida em que procura oferecer elementos aos interessados que satisfaçam às suas exigências de informação, aos seus interesses, aos seus questionamentos, às suas necessidades, tudo isso de uma forma que não afronte o bom senso, usando uma linguagem sem jargão

9 *Ver a discussão em Hamilton et al.* Beyond the Numbers Game *(1978).*

tecnológico, simples, clara e precisa, sem maiores divagações elucubrativas. Além disso, a avaliação iluminativa procura apresentar seus resultados sem maiores digressões, com uma certa economia verbal e sem maiores delongas, apesar de, algumas vezes, usar técnicas antropológicas, que demandam tempo para sua execução. A avaliação iluminativa é naturalista, na medida em que estuda os fenômenos ao ocorrerem "naturalmente" em um contexto real, sem a preocupação de criar condições artificiais, para, supostamente, melhor realizar o estudo. É naturalista, na medida em que se fixa no que é inesperado e atípico, sem ficar presa, exclusivamente, ao rotineiro e ao óbvio, no dizer de Parlett (In: Walberg e Haertel, 1990). A avaliação iluminativa, no seu aspecto naturalista, apresenta fatos, material estatístico, opiniões, observações, elementos históricos, enfim, uma grande diversidade de elementos com vistas a aumentar a compreensão relativa às características do complexo analisado. A avaliação iluminativa é heurística, porque demanda um planejamento que traduza uma estratégia de investigação continuamente atualizada à medida em que o investigador tem que se ajustar às novas emergências de situações do sistema como um todo, ao mesmo tempo em que se adapta às mudanças do sistema que geram um novo fluxo de eventos no decorrer dos trabalhos e que precisam ser estudados e analisados. A avaliação iluminativa tem,também, um caráter interpretativo, tendo em vista que não se limita a descrever e a fazer um relatório, vai bem mais além, promove uma discussão dos resultados sob diferentes perspectivas, procura desvendar as complexidades que se apresentaram, separa o que é realmente significativo do trivial, no dizer de Parlett e Hamilton (1972), e procura apresentar uma discussão daquilo que é efetivamente relevante.

A avaliação iluminativa, na visão de Parlett (In: Walberg e Haertel, 1990), está intimamente relacionada à avaliação responsiva, compartilhando com esta a preocupação de informar àqueles que devem tomar decisões.Desse modo, procura apresentar os detalhes e os aspectos mais complexos dos programas que investiga usando, para esse fim, diferentes técnicas de investigação para que possa oferecer um retrato detalhado do objeto que estudou, seja ele um sistema ou um caso isolado. A avaliação iluminativa preocupa-se com quem irá ler o relatório, o que esse leitor necessita, efetivamente, conhecer e o que significa uma análise detalhada para atendimento das várias clientelas. A avaliação iluminativa reveste-se, desse modo, de fundamental importância, porque procura condensar o máximo possível de experiências válidas e de comentários informativos em um relatório que estimule a leitura, a discussão e a análise de diferentes questões que precisam ser resolvidas e, possivelmente, a formulação de políticas educacionais ligadas às práticas da educação, não ficando restrita a altas especulações de aspectos nem sempre relevantes, como muitas vezes acontece em avaliações de grande impacto na mídia sensacionalista, mas de repercussão mínima na comunidade. O caminho da avaliação no contexto nacional, segundo o nosso juízo pessoal, está na estruturação de um sistema que seja responsivo e iluminista, para que seja compreensível às diversas clientelas e possa solucionar os nossos problemas, que são graves e exigem pronta ação.

1.12 NOTAS E COMENTÁRIOS

[1] O problema da subjetividade, em avaliação educacional, é recorrente; sempre surge como tema para discussão entre especialistas e o mundo laico. A subjetividade parece-nos inevitável na apreciação de qualquer fenômeno. Diferentes pessoas, diante de uma mesma situação, têm percepções diferentes, daí, por conseguinte, a inevitabilidade do subjetivismo. Stake (1983a), ao abordar a questão, coloca uma pergunta que nos parece bastante relevante: *"por que, então, não utilizar a subjetividade de forma a que possamos melhorar nossos trabalhos de pesquisa e avaliação?"*. Stake , em outro de seus numerosos trabalhos (1983b) argumenta: *"A subjetividade precisa ser reconsiderada. Penso que a subjetividade do observador de campo pode ser controlada, mas não eliminada. Controlada e usada, entretanto, de um modo vigoroso a fim de fazer com que as conclusões das pessoas sejam mais relevantes e úteis."* Qualquer que seja o "approach" seguido pelo avaliador, a questão da subjetividade está presente, e é vista por Stake (1983b) como uma característica da avaliação: *"A avaliação é subjetiva. São necessários dados consistentes em estudos de avaliação. mas os avaliadores com sensibilidade acham que a utilidade da subjetividade está sendo cada vez mais valorizada. O estudo de caso é um modo de fazê-lo."*

[2a] A palavra *objetivo* costuma apresentar diferentes significados, o que fica claro em língua inglesa, que apresenta uma sinonímia bastante representativa (*objective*, *goal*, *outcome*, *aim*, *intention* etc). Se considerarmos do ponto de vista estritamente técnico, como o faz Eraut (In: Walberg e Haertel, 1990), objetivo deve ser considerado como fazendo referência a algo que

foi pré-definido no planejamento de um programa de ensino e que expressa aquilo que se espera que o aluno tenha aprendido após um período de orientação da aprendizagem. Às vezes, em inglês, o seu significado se complica, dado que as palavras usadas como sinônimos e que foram anteriormente apresentadas nem sempre têm a mesma conceituação, como é o caso de *goal*, que se refere, especificamente, a objetivos gerais da educação, e *outcome* traduz mais um objetivo específico, resultado da aprendizagem.

A questão dos objetivos não é tranqüila, sendo objeto de críticas do ponto de vista teórico e prático. O emprego dessa palavra surge em discussões sobre currículo, em obra de F. Bobbit (1918), por influência das idéias de Herbert Spencer (1860). Ainda que na década de 20 a questão dos objetivos tivesse tido grande importância na área de currículo, sobretudo graças à atuação de Chartes (1924), passa, no início dos anos 30, a sofrer um certo colapso, mas volta a ter algum ímpeto na década de 40, por influência de Ralph Tyler, ao colocar a questão da avaliação na época do *Eight -Year Study*. Um antigo discípulo de Tyler, Benjamin Bloom, juntamente com outros educadores, publica suas célebres Taxonomias (1956), abordando objetivos cognitivos e, depois, objetivos não-cognitivos. Deve-se lembrar que Tyler e Bloom apresentaram os objetivos educacionais em termos gerais. Foi Mager (1962), ao escrever *Preparing Instructional Objectives*, obra traduzida para o português e que teve alguma influência (nefasta) no Brasil, o responsável pela volta às posições behavioristas defendidas por Bobbit, em 1918. A sua influência foi grande ao preparar objetivos para instrução programada, sendo o grande iniciador da reação a certos verbos, como saber, conhecer, compreender, sentir, apreciar, entre outros, que passaram a ser *taboo* em alguns segmentos da avaliação educacional. O apoio de Gagné (1965) à definição operacional de Mager (1962) contribuiu, grandemente, para a sua divulgação no meio educacional, como mostra Eraut (In: Walberg e Haertel, 1990), entretanto, é bom lembrar que Tyler tinha como preocupação orientar os professores e os responsáveis pela elaboração de questões (itens), enquanto Mager e Gagné se concentraram no planejamento instrucional, especialmente em relação ao ensino programado

Eraut, no seu artigo sobre objetivos educacionais, (In: Walberg e Haertel, 1990), apresenta uma ampla discussão sobre níveis de especificação dos objetivos, analisa a controvérsia sobre o uso de objetivos e suas limitações, seu emprego no planejamento de currículos e do ensino, e, particularmente, no caso da avaliação de programas, destacando, sobretudo, a sua importância no exame da concretização de intenções.

Ao falarmos em objetivos, sempre nos surgem à mente a questão das Taxonomias, especialmente pela importância e o mau uso da Taxonomia de Bloom no contexto brasileiro. O artigo de De Landsheere (1990), na enciclopédia organizada por Walberg e Haertel, é bastante elucidativo, analisando, na área cognitiva, a Taxonomia de Bloom (1956), o modelo da estrutura do intelecto de Guilford (1967), a Taxonomia de Gagné-Merrill (1971), a Taxonomia de Gerlach e Sullivan (1967) e a de De Block (1975). Os objetivos, na área não-cognitiva (afetiva), também são vistos, concentrando-se na Taxonomia de Krathworl (1964), sendo que De Landsheere oferece várias sugestões no sentido do seu aprimoramento, além de chamar a atenção para a importância de estudos na área afetiva. A partir de uma discussão sobre a importância dos objetivos na área psicomotora, De Landsheere apresenta uma visão sumária das Taxonomias que foram delineadas por Rapsdale (1950), Guilford (1958), Dave (1969) e Kliber (1970), detendo-se, mais longamente, nas Taxonomias de Simpson (1966) e Harrow (1972), detalhando, sobretudo, esta última que parece ser a que melhor se aplica ao estudo do domínio psicomotor. Ressalta, ainda, que certas categorias descritivas não são plenamente satisfatórias. Apesar da importância desse movimento de elaboração de taxonomias, as duas mais significativas, e que merecem ser exploradas são, na verdade, a de Bloom (1956) e a de Harrow (1972), na nossa apreciação. Queremos acentuar que nem Bloom e nem Harrow devem ser consideradas bíblias a serem seguidas com absoluta fidelidade. São obras importantes, mas são apenas manuais de referência que merecem ser consultados na elaboração de um instrumento ou no caso do esclarecimento de uma dúvida.

[2b] A questão dos objetivos instrucionais, ainda hoje objeto de controvérsias, inclusive no contexto brasileiro, passou a ser considerada mais amplamente na área da avaliação a partir dos anos 60. Se observados do ponto de vista histórico, os objetivos instrucionais atraíram, inicialmente, a atenção dos psicólogos da educação interessados em problemas da aprendizagem e no desenvolvimento de tecnologias instrucionais. A partir de Skinner (1958), com o seu interesse pela instrução programada e a possibilidade de "máquinas de ensinar", que tanta controvérsia suscitaram, foi que os objetivos instrucionais passaram a merecer uma atenção mais acurada dos educadores. O primeiro a ocupar-se em escrever sobre o assunto foi, sem dúvida, Robert Mager (1962), com o objetivo de familiarizar os educadores com a construção de objetivos. Originalmente, o seu trabalho se chamava *Preparing Objectives for Programmed Instruction*, pois seu interesse estava concentrado em instrução programada, mas diante do

sucesso alcançado pelo livro, o título foi modificado para *Preparing Instructional Objectives*, tendo, inclusive, uma tradução brasileira, divulgada pelo SENAI. O êxito alcançado pelo modelo de Tyler, no *Eight - Year Project*, e a publicação de seu livro sobre currículo (1949), igualmente bem sucedido, associados à bem sucedida obra de Mager e às imposições do US Congress of Elementary and Secondary Education Act – ESEA (1965), que estabeleciam a obrigatoriedade de avaliações para todos os projetos que recebessem verbas federais, foram fatores que contribuíram intensamente para a divulgação da avaliação orientada por objetivos no contexto norte-americano e se expandissem para outros contextos, inclusive o brasileiro.

O artigo de Popham, (In: Walberg e Haertel, 1990), oferece uma boa análise da história dos objetivos educacionais em avaliação, apresentando, entre outros aspectos, as discussões sobre objetivos comportamentais; a elaboração de taxonomias, especialmente a de Bloom (1956) sobre o domínio cognitivo; o emprego de objetivos nas medidas, inclusive apresentando a discussão de Robert Glaser (1963), que foi o primeiro a caracterizar os instrumentos de medida como referenciados a norma e a critério; a questão dos padrões de desempenho, que passou a ser seriamente considerada a partir dos anos 70; finalmente, Popham oferece uma série de orientações bastante pertinentes aos avaliadores que usam objetivos em suas atividades profissionais.

[3] O problema da validade interna e da validade externa está relacionado a possíveis distorções do significado das conclusões em um *design* experimental. A validade interna pode estar ameaçada porque a conclusão sobre a diferença de tratamentos pode resultar de outras explicações que não a esperada para o caso sob estudo. Assim, o objetivo primeiro de uma distribuição aleatória dos sujeitos, em um *experimental design*, é o de controlar a ameaça do fator seleção sobre a validade interna; ou seja, o resultado final pode refletir diferenças que simplesmente existam no grupo inicial, que, depois, sofreu um processo de randomização no experimento. A validade externa refere-se à validade da generalização dos resultados de um estudo para os sujeitos da população. A validade externa da generalização vai depender do grau com que a amostra é efetivamente representativa da população. Existem procedimentos formais de amostragem aleatória que, associados a técnicas de estatística inferencial, permitem afirmações sobre o grau de não-representatividade em decorrência do acaso.

O artigo de R. Tate sobre *experimental design*, na Enciclopédia de Avaliação, editada por Walberg e Haertel (1990), é bastante explicativo ao analisar as formas de inferências sobre validade causal em experimentos aleatórios. O assunto é muito desenvolvido por Cronbach (1982), especialmente no capítulo 4, páginas 112 a 132, em que parte de uma citação de Campbell e Stanley, na sua obra, igualmente clássica (*Experimental and Quasi-experimental Designs for Research on Teaching*), sobre a importância fundamental em estabelecer distinção entre validade interna, o mínimo básico sem o qual qualquer experimento não pode ser interpretado, ou melhor, nas suas palavras, é *uninterpretable*, e validade externa, que parte de perguntas sobre a generalização dos resultados de um experimento. Uma análise clara do problema acha-se apresentada por Fraenkel, J. R. e Wallen, N. E., em trabalho recente (3ª edição) sobre *How to Design and Evaluate Research in Education*. McGraw-Hill, Inc. New York, 1996, pp. 241 a 255 (validade interna) e pp. 105-109 (validade externa).

[4] Há uma discussão na área educacional que, possivelmente, nunca será resolvida, mas que tem implicações na avaliação: – a educação é uma arte ou uma ciência? A avaliação qualitativa, com sua visão holística, aproxima-se da primeira posição; a avaliação quantitativa, com a sua concepção de uma realidade tangível, convergente e fragmentável, posiciona-se favorável à educação como ciência. Kopperman (1993) mostrou que o modelo de Tyler, apesar de admirável nos diversos aspectos de seu planejamento, não previu e nem tem condições de lidar com os objetivos inesperados do processo educacional, malgrado sua importância.

A abordagem antropológica da avaliação, como mostra Kopperman (1993), oferece uma solução para os dois problemas anteriormente apresentados. A antropologia, nas suas diversas linhas de ação, consegue realizar uma síntese das perspectivas artística e científica, combinando os *insights* da observação subjetiva com o rigor científico dos processos de análise. A etnografia, por sua vez, nos estudos realizados em uma comunidade, pode incorporar aspectos sutis do ambiente educacional, como os objetivos não-previstos, o que é importante, apesar de o estudo etnográfico possuir a limitação de não poder avaliar comportamentos mensuráveis; contudo, esse aspecto não lhe diminui o valor, como metodologia de ação, cujo objetivo é compreender um fenômeno e cuja preocupação maior é fenomenológica.

CAPÍTULO 2

AVALIAÇÃO E OBJETIVOS: RALPH W. TYLER

2.1 Introdução

A avaliação evolui diferentemente nos vários ambientes educacionais e suas histórias são, conseqüentemente, bem diversas umas das outras, mesmo quando os valores e as crenças que deram origem às várias metodologias apresentam pontos comuns (Norris, 1993). O exame da questão, na perspectiva norte-americana, possibilita perceber que a estrutura social determinada pelo desenvolvimento econômico, no princípio do século XX, exigiu a reformulação de todos os níveis educacionais, uma atuação mais eficiente dos educadores no gerenciamento da administração institucional, e novas estruturas curriculares, assim como novas estratégias de ensino, segundo mostrou Norris (1993), da Universidade de East Anglia (Inglaterra), e Vianna (1995) [1]

2.2 Avaliação e o processo sócio-econômico

Há uma preocupação, nas primeiras décadas do século XX, tanto nos Estados Unidos como na Inglaterra, em associar, de maneira bastante estreita, o processo sócio-econômico a valores e conhecimentos transmitidos por intermédio da educação. Essa visão do problema exigiu, naturalmen-

1 *Avaliação Educacional: – uma perspectiva histórica.* Estudos em Avaliação Educacional, *nº 12, São Paulo, Fundação Carlos Chagas, 1995.*

te, um sistema de controle de todas as atividades mais diretamente ligadas ao processo educacional, o que possibilitou, conseqüentemente, o desenvolvimento da pesquisa, da avaliação educacional e, naturalmente, o da tecnologia dos instrumentos de medida e das técnicas de análise quantitativa, graças ao trabalho pioneiro e profícuo de E. Thorndike e K. Pearson, entre outros, nos Estados Unidos e na Inglaterra, respectivamente. Nessa fase, avaliação e medidas educacionais apresentam-se confundidas até o surgimento, nos anos 30, do importante trabalho empreendido por Ralph W. Tyler, como reconhece Norris (1993), apesar de suas discordâncias conceituais com o grande sistematizador da avaliação educacional.

2.3 Influência de Binet

Antes de considerar o trabalho de Tyler , analisar os pressupostos em que baseou o seu modelo de avaliação e o seu significado, assim como as reações geradas ao modelo de avaliação por objetivos, é necessário destacar, como já o fizeram Madaus, Airasian e Kellaghan (1980), a influência de Alfred Binet e seus estudos (1905) para a medida da inteligência nos Estados Unidos e, inclusive, na Inglaterra, especialmente em relação às medidas educacionais, com repercussão bastante profunda na avaliação dos alunos e seu rendimento escolar. Os resultados dos chamados testes de inteligência eram utilizados na interpretação do desempenho dos estudantes nos testes de escolaridade, sobretudo quando se tratava de um baixo desempenho. A idéia de que qualquer pessoa poderia aprender começou a ser posta à prova e, em conseqüência, houve uma mudança nos testes de rendimento, que eram referenciados a critério e o desempenho do aluno era comparado a um valor absoluto, passando a testes do tipo referenciados a normas, em que o desempenho do estudante é relacionado ao comportamento do seu grupo (Madaus, Airasian e Kellaghan, 1980). Foi, assim, o início da idolatrização da curva normal, que domina a área da avaliação até meados dos anos 60, quando os teóricos da avaliação, entre os quais Cronbach e Bloom, começaram a contestar a idéia de que o fracasso do aluno era responsabilidade exclusivamente sua, sem participação dos sistema, da escola e do próprio professor.

2.4 The Eight-Year Study

O modelo das diferenças individuais, surgido logo após o conflito de 1914-18, vai dominar o mundo da educação e influenciar as formas de avaliação educacional, inclusive tornando-se uma idéia fixa, quase obsessiva, diríamos, no espírito dos avaliadores de diferentes áreas, que passaram por longo tempo a acreditar quase que piedosamente no mito da curva normal de probabilidade, simples representação gráfica de uma função matemática, o que teve profundas implicações na interpretação dos resultados de avaliações que envolviam o componente rendimento escolar. A primeira grande exceção aos testes padronizados referenciados a normas foi o projeto *Eight-Year Study* (1942), idealizado, planejado e desenvolvido por Ralph W. Tyler, na avaliação da eficiência diferencial de vários tipos de escola, como claramente demonstrado por Madaus, Airasian e Kellaghan (1980).

Os anos 20 e 30 assistem a um desenvolvimento considerável dos testes padronizados de escolaridade, de acordo com Worthen e Sanders (1987). Ao mesmo tempo, a controvérsia entre currículo tradicional e currículo progressista, este na proposta de John Dewey, vai ter grandes repercussões. Tyler, ao lado de Dewey, no Movimento para a Educação Progressista, vai atuar, ativamente, no primeiro grande estudo de avaliação longitudinal – *The Eight-Year Study (1932-40)* – para dirimir dúvidas sobre a eficiência diferencial de vários tipos de escola, no período que antecede à Segunda Guerra Mundial (1939-45). O estudo planejado por Ralph Tyler procurou responder ao questionamento da eficácia da escola tradicional em relação à escola secundária progressista, tendo em vista que muitos *colleges* e universidades recusavam estudantes oriundos das escolas que seguiam a proposta de Dewey, sob a alegação de que as mesmas não ofereceriam créditos em áreas curriculares supostamente importantes (Madaus et al., 1993) [1].

O estudo experimental de Tyler , com base na análise dos resultados de programas educacionais elaborados de acordo com as necessidades dos alunos, independentemente dos pré-requisitos definidos pelas universidades em relação aos exames de ingresso nesse nível de ensino (Norris, 1993), vai mostrar uma nova concepção de avaliação educacional, que consiste em comparar os objetivos pretendidos aos que foram realmente alcançados. O esquema de Tyler supera, assim, o que vinha sendo até então adotado (Madaus et al., 1993), que simplesmente comparava o desempenho entre grupos experimentais e de contraste. A sua proposta, por outro lado, conforme discutiremos, partiu da medida de objetivos comportamentais, preocupando-se com os resultados decorrentes da aprendizagem. Tyler, nos 25 anos seguintes (1957), terá grande atuação, não apenas em atividades relacionadas a testes, medidas e avaliação, mas influenciará toda a educação norte-americana, com amplos reflexos em outras regiões, inclusive no próprio Brasil, ainda que hoje existam algumas reações ao seu pensamento, em função de "modismos" educacionais [2].

2.5 Modelo de Tyler

O modelo de Tyler (1942) é bastante simples e parte do princípio de que educar consistiria em gerar e/ou mudar padrões de comportamento, devendo, em conseqüência, o currículo ser construído com base na especificação de habilidades desejáveis expressas em objetivos a serem alcançados.[2] A avaliação, na concepção de Tyler, verificaria a concretização dos objetivos propostos, a congruência entre resultados e objetivos. Seria, pois, uma forma de validar os pressupostos em que se baseariam os programas curriculares (construtos). As suas idéias têm grande repercussão e influenciam outros modelos, como, por exemplo, o de Hammond (s/d) e, mais tarde, o de Metfessel e Michael (1967) e o de Provus (1973). [3] [4].

Tyler, em seu ensaio clássico – *General Statement on Evaluation* – (1942) deixa claro que cabe à avaliação verificar, periodicamente, até que ponto a escola demonstra eficiência como instituição responsável pela promoção da educação. A avaliação, desse modo, proporcionaria subsídios para uma análise crítica da instituição, possibilitando a reformulação de sua programação curricular. A avaliação, segundo essa perspectiva, ofereceria elementos para uma crítica fundamentada da instituição, baseada em dados empíricos, e permitiria, ao mesmo tempo, uma discussão sobre a eficiência da sua atuação. A avaliação, ainda de acordo com o pensamento de Tyler, possibilitaria o aprimoramento dos programas, com a eliminação do inoperante e o desenvolvimento daqueles aspectos que se tivessem revelado positivos.

A avaliação teria, ainda, como objetivo covalidar as hipóteses formuladas na estruturação dos novos currículos, que refletiriam o sistema de

2 *O pensamento de Tyler está expresso em seus numerosos trabalhos; acreditamos, contudo, que a leitura de seu artigo seminal sobre avaliação (1942), suas considerações sobre objetivos educacionais (In: Payne (Ed.), 1974), e a parte relacionada a experiências de aprendizagem (Goldberg e Souza (Eds.), 1982, Hamilton (Ed.), 1978), consignados na bibliografia, sob a rubrica de TYLER, ofereçam um quadro bem amplo de suas concepções sobre educação, currículo e avaliação.*

crenças e valores sociais e culturais da sociedade em que está inserida a escola. O currículo, no pensamento de Tyler, deve corresponder a essas aspirações da sociedade, que se concretizariam pela atuação da comunidade escolar no desenvolvimento dos vários programas. A idéia de congruência é uma das tônicas do pensamento de Tyler e , no aspecto exposto, a avaliação estaria constatando em que medida as hipóteses levantadas para a elaboração dos currículos estariam sendo congruentes com a realidade social.

A orientação do estudante, mais do que a simples transmissão de conteúdos nem sempre relevantes, seria outro dos objetivos propostos no plano de avaliação de Tyler. A orientação do aluno somente seria possível depois que uma avaliação criteriosa fizesse o levantamento de todas as informações sobre o seu desempenho escolar, a fim de caracterizar problemas no seu desenvolvimento, como alguém que está sendo conduzido por intermédio de um processo educativo previamente determinado e com objetivos delineados. A avaliação, desse modo, não deveria ficar restrita a apenas alguns aspectos, como geralmente ocorre, que se limita à verificação do rendimento escolar, mas abranger outras dimensões de forma a oferecer uma orientação segura ao aluno, ao longo de sua escolaridade [5].

A avaliação, qualquer que seja o modelo apresentado, visa, sem sombra de dúvida, a uma tomada de decisão, que envolve professores, administradores, pais e os próprios alunos, que, assim, precisam de elementos de informação relativos à eficiência dos sistemas, especialmente no que se relaciona com a aprendizagem. A avaliação, na proposta de Tyler (1942), dado o seu caráter sistemático, possibilita eliminar com segurança todos aqueles elementos que possam gerar desconfianças da parte da comunidade, porque os dados levantados mostram o sucesso operacional do currículo ou, então, apontam aqueles elementos que devem ser imediatamente corrigidos com o fito de restaurar a credibilidade que se deve depositar em uma escola bem orientada. Tyler (1942) deixa claro que a sociedade global – apesar da redundância da expressão – deve atuar em consonância com a sociedade educacional, a fim de garantir a continuidade do saber humano em suas diferentes formas, responsabilidade prioritária da escola. A avaliação, portanto, serve de nexo entre a escola e a sociedade, que passa a ser informada dos problemas e pode intervir, superando-os [6].

2.6 Interação professor/aluno

Há um aspecto da proposta de Tyler (1942) que não pode ser ignorado, que é o das relações professor/aluno. O professor deve deixar claramente exposto aquilo que pretende dos seus alunos através de diversas práticas curriculares. Os alunos, por sua vez, ficariam em condições de apresentar respostas satisfatórias às demandas da escola, dos currículos e dos professores. Depreende-se, por conseguinte, que o modelo de Tyler (1942) contém um apelo ao solidário, em que a educação não surge como um trabalho isolado, resultante da atividade de alguns poucos, mas um esforço cooperativo, com o envolvimento de diferentes segmentos sociais. Tyler (1942), ao definir seu modelo de avaliação , deixou bastante claro o seu posicionamento em relação a diversos pontos capitais de sua filosofia da educação, que não podem ser olvidados, tendo em vista que constituem o elemento de sustentação de estrutura metodológica do seu modelo, dando-lhe a coerência interna, sem dúvida necessária, para a sustentação de qualquer proposta operacional, como a que pretendeu realizar em avaliação educacional.

Quais, então, esses pontos expostos por Tyler (1942), apresentados de forma abreviada, e que já foram objeto de cogitação em outro trabalho anteriormente divulgado (1982)[3] ? Sem dúvida, os pontos-chaves concentram-se nos seguintes aspectos:

1) A educação é um processo que visa a criar padrões de conduta, ou a modificar padrões anteriores, nos indivíduos.
2) Os padrões de conduta desenvolvidos na escola são, na realidade, os objetivos educacionais.
3) O êxito de um programa educacional, verificado através da avaliação, depende da concretização desses objetivos.
4) A avaliação deve incidir sobre o aluno ,como um todo, nos seus conhecimentos, habilidades, modos de pensar, atitudes e interesses, sem se concentrar em apenas elementos isolados, como, na realidade, acontece nos dias fluentes.
5) A avaliação pressupõe diversidade de instrumental para avaliar múltiplos comportamentos, não devendo ficar restrita, apenas, a exames escritos, como geralmente ocorre.

---

3 *Vianna, H. M. Avaliação Educacional – algumas idéias precursoras.* Educação e Seleção, *São Paulo. Fundação Carlos Chagas, nº 6, 1982.*

6) A avaliação não se concentra apenas no estudante, como acentua Tyler (1942), não é um ato isolado, mas um trabalho solidário que deve envolver, além de alunos, claro, os professores, administradores e, sem sombra de dúvida, os próprios pais, que devem ter voz ativa no processo.

2.7 Eficiência e pontos críticos

O modelo de avaliação proposto por Tyler (1942) é aparentemente simples e mudou, inteiramente, o enfoque da avaliação, que se concentrava, inicialmente, nas habilidades dos indivíduos, passando, então, a preocupar-se com o julgamento do currículo. A avaliação, nessa concepção, supera a idéia, aliás equivocada, de que seria uma simples tecnologia com vistas a ordenar os indivíduos, segundo um determinado critério, discriminando-os uns dos outros. Na verdade, com Ralph W. Tyler, a avaliação passou a ser um meio de verificar em que medida os objetivos curriculares, assim como os processos instrucionais, se concretizaram na prática, de acordo com o destaque bastante procedente de Norris (1993).

Acreditamos seja necessário ressaltar a posição de Tyler em relação aos testes e aos objetivos, muitas vezes confundidos por pessoas nem sempre integradas no seu pensamento. Tyler não admitia a identificação dos conceitos de avaliação e medida, usados quase como expressões sinônimas. Isso, em oposição ao pensamento de Tyler, seria admitir que a avaliação visaria a mensurar apenas diferenças individuais, o que não estava de acordo com o seu pensamento. Sua posição era, frontalmente, de recusa diante desse posicionamento, sendo a medida, especialmente a do rendimento escolar, apenas um momento do complexo processo de avaliação. Isso, entretanto, não significa que negasse a importância dos exames, dos testes e das provas. A sua preocupação com objetivos, por outro lado, ligava-se à sua própria concepção de objetivo, que seria uma transformação desejavel nos padrões de comportamento dos alunos. Tyler, na análise do desempenho dos estudantes, no projeto *Eight-Year Study*, dá destaque à palavra avaliação como substituta de outras usadas, como as que foram mencionadas, e que ainda continuam a ser empregadas. A avaliação, para Tyler, está identificada com um processo de investigação de valores, devendo verificar, periodicamente, a eficiência das escolas e identificar os pontos críticos dos vários programas curriculares, a fim de aperfeiçoá-los e, naturalmente, validar os princípios que alicerçam a atividade de uma instituição escolar.

2.8 Reações e críticas iniciais

Os anos 50, nos Estados Unidos, além da figura de Tyler, sofreram a influência dos trabalhos de E. F. Lindquist. As estatísticas desenvolvidas, graças aos seus esforços, estabeleceram princípios para o uso do *experimental design* no campo da educação e foram usadas, intensamente, em relação à quantificação de variáveis educacionais. Tyler, por sua vez, nessa mesma época, obteve o concurso de outros educadores, como foi o caso de Bloom, na hierarquização dos objetivos instrucionais. As idéias de Tyler consolidaram-se nesse momento, os testes padronizados passaram a ter maior disseminação, profissionais receberam solicitações para que expressassem suas opiniões e trabalhos experimentais foram realizados para a avaliação de novos currículos (Madaus, Airasian e Kellaghan, 1980; Madaus, Stufflebeam e Scriven, 1993).

É lógico, como expõem Madaus et al. (1993), que toda inovação gere resistências, e críticas, às vezes bastante exacerbadas, são feitas ao planejamento experimental de Lindquist, à teoria da congruência de Tyler e à atuação de Bloom na categorização das capacidades a serem medidas (objetivos), iniciando-se uma reação ao uso da Psicometria em avaliação, com fundamento em diferentes posições epistemológicas relativas à pesquisa e, naturalmente, à avaliação, conforme esboçaremos em suas linhas gerais.

A importância de Tyler aprofundou-se em toda a vida educacional norte-americana, ao projetar, nos anos 60, o *National Assessment of Educational Progress* – NAEP – avaliação periódica da situação do ensino nos Estados Unidos e que ainda subsiste, fornecendo importantes elementos para as correções necessárias e a identificação de pontos de excelência ou pontos críticos a serem enfrentados.[4] Um desdobramento do NAEP, na década de 90, no plano internacional, foi o IAEP – *International Assessment of Educational Progress* – que teve, inclusive, a participação parcial do Brasil, com amostras de escolas de São Paulo e Fortaleza.

O *Eight-Year Study*, delineado por R. W. Tyler, domina a cultura pedagógica norte-americana até os dias de hoje, apesar das reações surgidas

4 *O Sistema de Avaliação do Ensino Básico (SAEB), no Brasil, a partir de sua última aplicação em 1995, procurou seguir, em alguns de seus aspectos, o modelo do* NAEP

e que determinaram o aparecimento de novos modelos. Uma geração de avaliadores, entretanto, segue o pensamento de Tyler, ainda que, em alguns casos, com alterações, podendo-se indicar, entre outros, os nomes bastante expressivos de B. S. Bloom; H. Taba; D. R. Krathwohl; B. B. Masia; N. M. Metfessel; W. B. Michael; J. T. Hastings e G. F. Madaus. A influência de Tyler, no Brasil, não ficou restrita à área de currículo, com a tradução de seu livro básico sobre o assunto, mas ocorreu de forma indireta, graças à disseminação da obra de Bloom e seus associados sobre a avaliação do rendimento escolar e as Taxonomias dos objetivos educacionais, divulgadas, a partir do início dos anos 70, no país.

O modelo de Tyler, tendo em vista seu delineamento, baseado em objetivos comportamentais, e sua metodologia de análise quantitativa, ficou, naturalmente, sujeito à crítica no debate das posições epistemológicas dos vários teóricos da avaliação, sendo-lhe imputada uma orientação geral do individualismo metodológico, porquanto a validação dos currículos dar-se-ia por meio do contraste entre predições, logicamente estabelecidas (objetivos), e os resultados coletados (escores), na linha dos delineamentos experimentais, conforme as proposições de D. T. Campbell e J. C. Stanley, em *Experimental and Quasi-Experimental Designs for Reasearch* (Rand McNally & Company, Chicago, 1966). Ora, tudo isso entrava em confronto com a reação estabelecida, inicialmente, pelos teóricos sociais, na Europa, a partir de cientistas alemães, com repercussões posteriores nos Estados Unidos, discussões que são analisadas em profundidade, alguns anos depois, por Habermas[5] e, mais recentemente, por Guba[6] [7].

A discussão remonta ao possível conflito entre os objetivos das ciências sociais e os das ciências físicas, que, dessa forma, por via de conseqüência, deveriam seguir, forçosamente, metodologias diversas. A abordagem nas ciências físicas teria um caráter nomotético, visaria ao estabelecimento de leis e generalizações estatísticas, enquanto as ciências do social estariam interessadas na análise intensiva dos indivíduos, ou de casos particulares, adotando, portanto, metodologias ideográficas, segundo a exposição de Norris (1993). Questionava-se, assim, a possibilidade de estudar, da mesma forma, fenômenos naturais e sociais a partir de uma unidade metodológica, determinando, em decorrência, um reducionismo (identidade de conteúdo e de método).

---

5 HABERMAS, J *Conhecimento e Interesse*. Rio de Janeiro, Zahar Editora, 1982.

6 GUBA, E. G. (Ed.) *The Paradigm Dialog*. Newbury Park, California. Sage Publications. 1990.

A idéia de que o que é válido em uma área é igualmente válido em outra representava, assim, o pensamento ortodoxo do empirismo reducionista e, durante muito tempo, foi a temática central das discussões sobre qual seria a orientação epistemológica a ser seguida em avaliação educacional. A idéia de que a linguagem em avaliação e em pesquisa deveria ser operacional, sem ambigüidades; as diversas variáveis a serem observadas bem definidas e seus conceitos claramente delimitados, sendo o objetivo estabelecer conclusões generalizáveis, eram idéias contestadas pelos que se propunham a criar um novo posicionamento científico de sentido humanístico, ou seja, sociológico, nas ciências do homem, inclusive na área da avaliação educacional, reagindo, dessa forma, às explicações nomotéticas, que visavam a explicar o fenômeno para predizer e, depois , generalizar.

2.9 Posições de Cronbach, Scriven, Stake e Parlett/ Hamilton

O trabalho de Cronbach – *Course Improvement through Evaluation* (1963) – apresenta uma posição crítica face ao modelo objetivo de Tyler, quando mostra que a avaliação não pode ficar presa a simples aspectos rotineiros e ritualísticos da mensuração. A avaliação, na sua concepção, e com inteira procedência, tinha por finalidade não apenas fazer um julgamento final, o que seria limitá-la nos seus objetivos, mas oferecer meios que possibilitassem o aprimoramento dos currículos, o que acreditamos está de acordo com o espírito do trabalho de Tyler ao longo de seu desenvolvimento. Cronbach (1963), com a sua perspicácia habitual, soube imediatamente compreender o caráter multidimensional dos resultados da aprendizagem e, a esse respeito, demonstra claramente que essa situação não pode ser constatada em um único escore compósito, agregando diferentes elementos. Assim, uma avaliação conseqüente exige uma coleta diversificada de informações para que seja viável uma descrição dos currículos ou programas educacionais e possam ser identificados os elementos que devem sofrer a intervenção dos especialistas, no processo de aprimoramento das atividades educacionais. A crítica bastante procedente de Cronbach incorporou-se ao trabalho de Tyler, como pode ser depreendido do seu trabalho, igualmente fundamental, publicado na antologia de Madaus et al. (1993).

As posições de Scriven, em sua obra clássica – *Methodology of Evaluation* (1967) –, dão continuidade e ampliam pontos levantados por Cronbach (1963) e introduzem um novo elemento de grande significado: a obrigação do avaliador determinar o valor (mérito) do que está sendo objeto da avaliação – programas, projetos, materiais ou quaisquer outras inovações educacionais. Scriven parte, conforme será posteriormente analisado, da necessidade de diferençar papéis (*roles*) de objetivos (*goals*), sem o que não se pode determinar a eficácia das práticas educacionais. A posição de Scriven é, assim, de restrição às avaliações baseadas, exclusivamente, em *goals*, por não possibilitarem procedimentos adequados para o julgamento do valor ou mérito dos objetivos.

Stake, nessa época (1967), em obra capital – *The countenance of educational evaluation* –, apresenta críticas às práticas convencionais da avaliação. A sua preocupação imediata concentra-se na discussão dos diferentes tipos de evidências que os avaliadores deveriam levantar no decorrer do seu trabalho. A avaliação, tal como estava sendo feita, segundo o modelo de Tyler, e na opinião de Stake, gerava a suspeição dos educadores e administradores, insatisfeitos com a linha seguida e tendo em vista as implicações políticas das avaliações realizadas no contexto norte-americano. Daí a sua proposta de um novo modelo, que possibilitasse um levantamento bastante exaustivo de aspectos complexos e particulares de um determinado programa. A avaliação, desse modo, ainda segundo Stake (1967), não deveria ter um caráter meramente episódico, mas permitir uma compreensão de todo o processo relacionado a um programa, por intermédio de um amplo levantamento de informações para uma tomada de decisões em bases realistas.

A reação mais veemente, se é que podemos usar o termo, contra a avaliação por objetivos, segundo o modelo estabelecido por Ralph W. Tyler, partiu de Parlett e Hamilton (1972), na Inglaterra, repercutindo, depois, em outras áreas, inclusive nos Estados Unidos, com uma repercussão bastante tardia no Brasil, assim mesmo em círculos limitados. A reação procurou refletir a insatisfação de muitos educadores aos modelos tradicionais de avaliação, por um lado, e, por outro, rejeitava, em muitos aspectos, a influência da tradição psicológica que dominava a pesquisa educacional. Os críticos da situação, então dominante, pretendiam que a pesquisa educacional e, naturalmente, a própria avaliação educacional tivessem uma abordagem sociológica, e que ambas – pesquisa e avaliação – se envolvessem na consideração de valores humanos e adotassem paradigmas que fossem para seres humanos.

Parlett e Hamilton, em *Evaluation as illumination: a new approach to the study of innovatory programs* (1972), reagiram à psicometria e ao experimentalismo, propondo uma avaliação na tradição humanista, que fosse responsiva às necessidades de diferentes grupos, iluminativa do complexo organizacional, do ensino e do processo de aprendizagem, relevante em relação às diferentes decisões a serem tomadas, e que fosse divulgada por intermédio de uma linguagem acessível aos diferentes grupos interessados no assunto. A reação de Parlett e Hamilton opunha-se, assim, ao quantitativo do modelo por objetivos e procurava apresentar uma visão mais pragmática do planejamento e da concretização da avaliação, pretendendo, desse modo, por via de uma avaliação responsiva, atenuar os problemas que decorriam daquilo que acreditavam como resultante de um dogmatismo metodológico, como destaca Norris (1993). Pretendiam a valorização do verbal e não do quantitativo, que decorria de uma tradição psicométrica que se impunha desde os primeiros anos do século XX, na Inglaterra e nos Estados Unidos.

As idéias de Parlett e Hamilton foram duramente criticadas por muitos, e ainda o são, apesar de possuirem um número relativamente expressivo de seguidores, tendo em vista que, na realidade, elas não oferecem condições para um controle acurado do grau de subjetividade dos pesquisadores/avaliadores e, por acréscimo, complicando ainda mais o problema e não evitam as digressões personalíssimas dos avaliadores e/ou pesquisadores. A chamada avaliação iluminativa que estava sendo proposta, na visão de seus críticos, constituia, na realidade, um simples método e não tinha um embasamento suficientemente fundamentado, sendo, na realidade, simples reação à tradição psicométrica em avaliação.

2.10 Possíveis limitações

O modelo de avaliação por objetivos, mesmo na apreciação de seus opositores, é racional, e suas críticas se concentraram não exatamente na tecnologia da avaliação, mas no posicionamento de Tyler e seus seguidores em relação à natureza do conhecimento e nas formas de sua aquisição. A importância da avaliação e sua utilidade não são discutidas, o confronto estaria na limitação do modelo para a reformulação das experiências curriculares e, especialmente, quanto aos objetivos, que seriam colocados em termos bastante pedestres, ou seja, de uma forma por demais trivial. Alguns teóricos opositores, por outro lado, como é o caso de Eisner (1993), – ver observações em Notas e Comentários [5] –, preocupados com problemas ligados à arte e ao seu processo de criação, envolvendo a complexa questão da criatividade, colocaram em dúvida a possibilidade de aplicar a avaliação por objetivos a todo e qualquer tipo de conhecimento, via a especificação dos resultados esperados, tendo em vista a imprevisibilidade da criação artística.

2.11 NOTAS E COMENTÁRIOS

[1] O pensamento de Tyler, suas experiências e os caminhos que o levaram à avaliação, está apresentado em substancial artigo (Madaus et al., 1993), no qual explica o surgimento de uma de suas obras mais interessantes – *Constructing Achievement Tests* (1934)[1] , fruto de um trabalho desenvolvido a partir de 1929, na Ohio State University, em pesquisas sobre ensino e avaliação nos cursos de graduação, na área de Biologia. A má qualidade dos testes utilizados, que exigiam, sobretudo, o reconhecimento de fatos e conhecimentos simples, além da incapacidade de elaborar objetivos comportamentais (conteúdo e habilidade), entre outros aspectos críticos, contribuíram para que redigisse o trabalho indicado, que, apesar de editado na década de 30, ainda oferece uma orientação bastante sensata na construção de instrumentos de medida.

A partir de 1934, Tyler passou a vivenciar um novo problema, ao ser nomeado diretor do *Eight-Year Study.* Sua atuação foi na área curricular das escolas de Ensino Médio (*high-school*), que, em termos de conteúdo e de atividades, ainda refletiam o pensamento dos anos 20. Havia uma grande pressão para mudança; o mundo se tinha modificado após a depressão de 29; e a escola e seu currículo continuavam os mesmos. Graças à ação pioneira da *Progressive Education Association*, um pequeno número de escolas e sistemas (30) foi autorizado a desenvolver programas educacionais que atendessem aos interesses dos alunos e ao seu desejo de continuar seus estudos. Um programa que levasse em consideração os interesses, as necessidades, as atividades e as características de aprendizagem dos jovens. Iniciado em setembro de 1933, o projeto piloto teria a duração de oito anos (*Eight-Year Study*). Especialistas em currículo e em avaliação

(1) *Ralph W. Tyler* Constructing Achievement Tests. *Bureau of Educational Research, Columbus, Ohio: State University Bureau of Educational Research, 1934.*

começaram a trabalhar juntos. A fim de fazer face à complexidade dos problemas, e estimulado por Hulda Taba, Tyler escreveu um *syllabus* entitulado *Basic Principles of Curriculum and Instruction*[2], que seria discutido em vários seminários e mais tarde publicado sob a forma de livro, influenciando o pensamento pedagógico de educadores nos Estados Unidos e em outros países, inclusive no Brasil. Currículo deixa de ser um conjunto de tópicos para ser experiências de aprendizagem associadas a objetivos e organizadas de forma a maximizarem seu efeito cumulativo. Ao formular suas idéias sobre currículo, Tyler, como ele próprio reconhece (In: Madaus, et al., 1993), sofreu a influência das concepções educacionais de John Dewey (1859-1952) e de Alfred North Whitehead (1861-1947), sobretudo no relativo aos objetivos da educação e às teorias do ensino e da aprendizagem. Os trabalhos de Tyler tiveram grande repercussão. A partir de 1938, a Universidade de Chicago, por exemplo, seguiu sua orientação na elaboração de exames compreensivos, e, na década de 40, passaram a constituir o fundamento teórico de numerosos testes. As suas idéias sobre currículo serviram para a elaboração e/ou revisão de numerosos currículos profissionais (medicina, enfermagem, assistência social, engenharia e agricultura). Entretanto, modestamente, confessa não poder precisar a influência de suas idéias nos currículos das escolas primárias e secundárias (Tyler, In: Madaus et al., 1993).

[2] Ao discutir programas destinados à melhoria dos sistemas sociais, Airasian (1993) mostra que nem sempre os mesmos produzem as melhorias pretendidas, sendo difícil estabelecer-se um programa vai ter, efetivamente, algum impacto, inclusive tendo em vista a precariedade das metodologias para determinar o impacto. Apesar do otimismo que envolveu certos programas no contexto norte-americano, que abordaram aspectos sociais e econômicos, incluindo entre aqueles o educacional, a repercussão do seu impacto nem sempre correspondeu às expectativas com que os programas foram criados. Apesar dos esforços empreendidos, a solução para a medida do impacto talvez esteja no desenvolvimento de uma metodologia que use métodos quase-experimentais, possibilitando conciliar a realidade do mundo às exigências da pesquisa avaliativa, como assinala Airasian (In: Madaus et al., 1993).

[3] O texto cita alguns modelos neotylerianos, que, entretanto, não tiveram maior repercussão, pelo menos no Brasil. Ficaremos limitados ao que tem maiores possibilidades de divulgação entre nós, o de Provus (1973),

(2) *Ralph W. Tyler* Basic Principles of Curriculum and Instruction. *Chicago: University of Chicago Press, 1949.*

que apresentou o modelo de *Discrepancy Evaluation*, mais tarde desenvolvido por vários teóricos e praticantes da avaliação, inclusive Steinmetz (In: Madaus et al., 1993), o qual ressalta o fato de que a avaliação abrange diferentes atividades e propósitos, e que a sua prática gera formas mais ou menos intensas de preocupação. Isso porque a avaliação está associada a valor, mérito e julgamentos, o que determina reações emocionais, pois tudo isso tem significado social e profissional, podendo representar perda de *status* e alterações em projetos de vida e de carreiras, entre outras conseqüências. A abordagem da *Discrepancy Evaluation* propõe-se a reagir de forma construtiva às expectativas criadas pelo ato de avaliar, apresentando, com esse objetivo, algumas idéias e procedimentos que procuraremos resumir.

A idéia básica dessa abordagem centra-se no fato de que, ao avaliarmos, fazemos comparações, que somente são possíveis se padrões forem fixados, entendendo-se por padrão a descrição de como alguma coisa – objeto, pessoa, programas etc. – deva ser. Fixados os padrões, é necessário obter medidas do desempenho (performance); portanto, nessa abordagem, avaliar é comparar desempenhos a padrões estabelecidos e essas comparações nos vão fornecer possíveis discrepâncias entre ambos – desempenhos e padrões. Avaliação seria, assim, o julgamento do valor de algo, estabelecido a partir da discrepância entre os padrões e a performance.

O avaliador na *Discrepancy Evaluation* não fixa os padrões, nem julga a comparação entre o padrão e o desempenho, ainda que seja o responsável pela coleta dos dados da performance. O avaliador atua como auxiliar do cliente interessado na avaliação, que é solicitado pelo avaliador para apresentar perguntas em relação ao que é avaliado. A partir dessas perguntas, são estabelecidos os padrões, identificadas as fontes de informação, selecionados ou construídos os instrumentos, se necessários, e coletados, então, os dados pelo avaliador.

Outros aspectos a serem definidos em colaboração – clientes e avaliador – referem-se às informações coletadas sobre os desempenhos e a fonte que vai proporcionar esses elementos. Precisamos lembrar que, ao fixar os padrões, o cliente deve considerar o conhecimento que tem sobre o objeto a ser avaliado, assim como suas próprias experiências, valores e objetivos. A fixação de padrões é uma atividade orientada por objetivos Um procedimento habitual no estabelecimento de padrões é a realização de uma análise de componentes, no caso de programas educacionais, que são divididos e, às vezes, até mesmo subdivididos em vários de seus aspectos, com vistas à determinação de diversos níveis de detalhe.

A partir desse ponto, cada componente e subcomponente sofre uma análise para determinar o que é *input*, processo e produto. Os objetivos são os produtos (*outputs*); o que será feito, o processo; e tudo que é necessário para o processo (recursos financeiros, pessoal, material, pré-requisitos etc.) constitui o *input*,. A *discrepancy evaluation* incluída entre as abordagens de avaliação orientadas por objetivos, seria, digamos, um modelo quase tyleriano, e teria um caráter sistêmico, visando a dar destaque à auto-avaliação de programas educacionais. O modelo tem suas potencialidades a explorar, fazendo-se necessário o conhecimento de sua teoria e prática (Provus, 1973), ou um contato com obras de síntese e aplicação (Provus, In: Taylor e Cowley, 1972; Provus, 1969).

[4] O fato de existir um número elevado de modelos de avaliação, como pode ser positivado na obra de Madaus et al. (1993), não significa que sejam os mesmos, necessariamente, aplicáveis ao contexto educacional. Podem despertar um certo entusiasmo inicial, mas, depois, a realidade revela dificuldades múltiplas que traduzem a sua inaplicabilidade ao contexto das ciências humanas. A experiência vivida por Popham e Carlson, In: Madaus (Ed.), 1993, para participarem da avaliação do *Hawaii 3-on-2 Program*, dirigido por uma empresa de grande reputação, *Northwest Regional Education Laboratory (NWREL)*, segundo a metodologia do *Adversary Model*, que segue, nas suas linhas gerais, procedimentos semelhantes ao que ocorrem nos tribunais norte-americanos (equipe de defesa, equipe de acusação e corpo de jurados - árbitros), mostrou-se a mesma ineficiente, sujeita a freqüentes distorções e custos mais elevados do que a de outros modelos, para decepção de Popham e Carlson, conforme se referem no artigo de relato da mencionada experiência, que conclui com a afirmação: *The Adversary Evaluation Model brings with it not only a few real (and many imaginary) dividends; it brings also far too many deficits* (p. 212). A escolha de um modelo deve ser criteriosa, sujeita a uma análise isenta e crítica, sem impulsos emocionais.

[5] As formas usadas para avaliar, como deixou claro Eisner (In: Madaus (Ed.), 1993), influenciam o sistema escolar, sua filosofia e a sua prática. A perspectiva histórica, pelo menos no contexto norte-americano, a partir do início do século XX, mostra que a educação passou a acreditar que um dia a avaliação teria suas "leis", que regeriam os fenômenos educacionais e fariam pela educação aquilo que as idéias de Einstein e outros fizeram pela física. Eisner (1993), ao analisar o contexto norte-americano, mostra-se crítico ácido da avaliação educacional nos moldes praticados, destacando que o problema atual estaria ligado às suas origens, com os trabalhos de E. L. Thorndike, que geraram a crença na possibilidade de uma ciência da educação com suas leis da aprendizagem, que substituiriam a intuição e a habilidade artística (*artistry*) por conhecimentos e métodos.

O grande objetivo da pesquisa educacional estaria em identificar os melhores métodos de ensinar as várias áreas curriculares. Segundo a visão de Eisner (1993), tudo isso coincide com o movimento favorável à eficiência da educação e à introdução de procedimentos gerenciais científicos nas escolas, visando à eficiência (sucesso) e o efetivo na educação (produção de bons resultados nas escolas). Eisner antecipa, assim, a questão da qualidade em educação, objeto de debate nos dias fluentes, e, ao mesmo tempo, preocupa-se com a educação como atividade nomotética (estabelecimento de leis) e atividade ideográfica (estudo descritivo da individualidade), rejeitando o nomismo positivista e a idéia de que as ciências naturais exatas seriam o ideal para a compreensão da realidade.

Eisner, ligado às artes e ao problema da criatividade, ainda que reconheça que as ciências e tecnologias trouxeram alguma contribuição para a educação, no seu provocativo ensaio (In: Madaus et al., 1993), aponta que as mesmas tiveram influências negativas, atribuindo às ciências e às tecnologias quatro conseqüências deletérias, na sua visão:

1º) como a pesquisa se baseia em pressupostos científicos e visa a identificar leis ou generalizações semelhantes a leis (*law-like*), sua tendência seria a de tratar qualidades de situações particulares como instrumentalidades, como conseqüência haveria uma supersimplificação do particular através de um processo de redução que traduziria a complexidade de uma caracterização por um único conjunto de escores, transformando qualidade em quantidade: um número, que é incapaz de expressar o simbolismo da criação artística, na visão de Eisner;

2º) a orientação tecnológica tende a enfocar o desempenho numa situação futura e, no processo, a enfraquecer o significado do presente. Daí, certamente, a preocupação com a formulação de objetivos comportamentais, a serem alcançados ao término (no futuro); o presente é sacrificado, valorizando-se o futuro e contribuindo, assim, para que alunos e professores sejam atormentados por recompensas extrínsecas, prêmios, altos escores e, no caso dos professores, compensação financeira em função do alto número de sucessos (objetivos concretizados). Eisner diz que se o futuro se torna muito importante (*all-important*), deve ser alcançado a qualquer custo e o presente é sacrificado no altar do amanhã;

3º) a abordagem científica e tecnológica da educação, segundo Eisner (In: Madaus (Ed.), 1993), leva à tentativa de objetivar o conhecimento, ou seja, a qualidade deve ser empiricamente manifesta e possível de quantificação, com vistas à garantia da fidedignidade e à segurança da precisão. A educação estaria, portanto, influenciada pelo behaviorismo radical. Assim, no dizer de Eisner, citando um de seus alunos, para saber o que alguma pessoa sente, saber o que significa comportamento, deve ir além do comportamento;

4º) quando se procura estabelecer leis que governem o controle do comportamento humano, diz Eisner, ainda no mesmo ensaio (In: Madaus (Ed.), 1993), não causa surpresa o fato de que também se procure a efetivação de um conjunto de objetivos de forma quantitativa, que, no pensar de Eisner, leva, inevitavelmente, ao uso de testes (padronizados). O teste padronizado é o padrão, acentua Eisner, é o mesmo para todos. Os objetivos são padronizados, assim como são padronizados os julgamentos. Os testes, escreve Eisner, de facto, tornam-se objetivos. Eisner afirma que, diante dessa situação, os instrumentos não permitem avaliar a personalização do ensino e da aprendizagem.

Eisner é crítico das atuais formas de avaliação, orientadas por objetivos, que influenciariam negativamente o caráter do ensino, o conteúdo dos currículos e os objetivos que as escolas procurariam atingir; por outro lado, acha que os procedimentos atuais de avaliação, ainda que científicos, na sua epistemologia, e tecnológicos, na sua aplicação, além de terem conseqüências limitadas, não se aplicam aos objetivos que as ARTES podem concretizar. A preocupação de Eisner é, especificamente, com os problemas relacionados à arte e à criação artística, e, devemos ressaltar, daí sua posição anticomportamental na linha tyleriana. A posição de Eisner é coerente com as suas idéias, pois diz, claramente, que ensinar exige *artistry* (ensinar para ele é uma arte) e que a educação é um processo que difere de um contexto para outro. Eisner, na sua crítica à avaliação, baseia-se em dois conceitos: competência educacional (*educational connoiseurship*) e criticismo educacional. O ensino, para Eisner, tem um caráter ideográfico e que a vida na sala de aula não pode ser explicada e nem controlada por leis comportamentais. O professor/avaliador deve ser um *connoisseur* capaz de distinguir qualidades, discriminar diferenças, comparar e contrastar, perceber o significado do que foi vivenciado. A partir dessa percepção, avaliar. Quanto ao criticismo, Eisner parte da tese de John Dewey de arte como uma experiência, em que o criticismo tem como fim a reeducação da percepção e a função do crítico é auxiliar a ver a obra de arte – na literatura, na música, nas artes visuais, no drama e no filme. *Educational criticism*, para Eisner, seria uma nova forma de observar o fenômeno que constitui a vida educacional na sala de aula, apresentando seus aspectos descritivo e interpretativo, a fim de compreender o significado, o valor e as alternativas das formas de ação em um contexto social.

Ao final, Eisner (In: Madaus (Ed.), 1993) diz algo que merece reflexão, e reproduzimos suas próprias palavras: *"The time is ripe for broadening the base from which inquiry in education can go forward. It is time for a more catholic sense of possibility; we need, in my opinion, to widen our epistemology.*" (p. 346)

[6] Há um grande número de modelos de avaliação e a melhor forma de compará-los é examinando seus pressupostos teóricos, para conhecimento de sua lógica e suas possibilidades. Há várias taxonomias de modelos, como, por exemplo, as de Worthen e Sanders (1973), Popham (1975) e Stake (1967), entretanto, para fins da presente nota, limitar-nos-emos à de House (1978; 1993) e ficaremos adstritos apenas aos modelos de Tyler, Scriven, Stufflebeam e Stake, objeto de análise e discussão no presente trabalho.

Os modelos variam, na medida em que os pressupostos em que se baseiam são divergentes, e muitos modelos são variações modificadas de outros modelos. Veremos quatro modelos, entre os definidos por House (In: Madaus et al. (Ed.), 1993).

1. Objetivos comportamentais – os objetivos são expressos em termos de desempenhos específicos do estudante e são medidos por testes referenciados a normas ou a critério. A abordagem foi proposta, inicialmente, por Tyler. O objetivo do modelo é a produtividade, *accountability*.
2. Tomada de decisão – a avaliação é estruturada levando em consideração a decisão a ser tomada. A metodologia tende a usar questionários e entrevistas (*survey*). A grande figura, na área, é Stufflebeam, com o modelo CIPP. Eficiência e controle da qualidade são seus objetivos.
3. Independente de Objetivo (*Goal-Free*) – A idéia básica de Scriven foi a de minimizar os efeitos de vieses em avaliação. O avaliador não se orienta a partir dos objetivos do elaborador do programa; cabe-lhe, ao contrário, através da avaliação, determinar esses objetivos. A utilidade social é o objetivo do modelo.
4. Interação (*Transation*) – A abordagem parte dos próprios processos educacionais: – a sala de aula, a escola, o programa, na percepção de Stake. Utiliza-se de métodos informais de avaliação e uso de estudos de caso como principal figura nessa área. Podemos dizer que o modelo visa a compreensão e a identificação da diversidade.

House, (In: Madaus, et al. (Ed.), 1993), chama a atenção para o fato de que os atuais modelos de avaliação derivam da filosofia do liberalismo e que o liberalismo é, muitas vezes, radicalmente empiricista e que os modelos de avaliação têm um *flavor* empiricista. House analisa a epistemologia liberal objetivista e mostra que os modelos têm uma orientação gerencial (*management*) e suas maiores preocupações concentram-se na *accountability*, na eficiência e no controle de qualidade. A análise de House parte da obra dos empiricistas ingleses (Locke (1632-1704), Berkeley (1685-1753) e

Hume (1711-1776), detendo-se, depois, nas idéias de J. Stuart Mill (1806-73) e na sua obra *A System of Logic* (1893). Apoiando-se em diferentes estudos, House mostra que Francis Galton (1822-1911), contemporâneo de Stuart Mill, emprestou sua genialidade à divulgação da obra do grande lógico e criou as bases da Psicometria, com seus estudos sobre as diferenças individuais, estudos que, por sua vez, tiveram grande influência sobre Cattell, que vai introduzir os testes mentais nos Estados Unidos, e contribuem para o despontar da figura de E. L. Thorndike, principiando, assim, uma longa história, em meados do século XVII e que chega até nós, no século XX, atravessando grandes controvérsias e reações, as quais deram margem ao surgimento de uma epistemologia subjetivista e uma metodologia naturalista, preocupada em comunicar-se com públicos que não são técnicos (professores e o público em geral), usando uma linguagem comum, baseando-se numa lógica informal e apoiando-se em entrevistas e observações para a coleta de informações. A história dos modelos ajuda a compreender a própria evolução da avaliação. A distância entre uma questão típica de um modelo baseado em análise de sistema, cujo público é predominantemente preocupado com aspectos econômicos – Quais os programas mais eficientes? – e a indagação proposta por um avaliador envolvido com o conhecimento de individualidades – Qual a percepção de diferentes pessoas sobre o programa? – mostra que há um longo caminho a percorrer e somente a reflexão crítica ajudará a compreender. O ensaio de House é, sem dúvida, excelente subsídio.

[7] Um modelo de avaliação, apesar de bem estruturado, precisa ser modificado, para atendimento de especificidades de certas situações. A experiência de Madaus (In: Madaus (Ed.), 1993), na avaliação do programa de Testes de Competência Mínima, nesse sentido, é bem elucidativa. O modelo original foi o *Adversary Model*, que segue procedimentos da prática jurídica norte-americana. A principal modificação sugerida foi a eliminação do júri ou painel, que teria por incumbência tomar decisões ou fazer recomendações sobre o objeto avaliado, ficando eliminado o veredito a favor ou contra os grupos envolvidos na avaliação, não haveria "perdedores" nem "ganhadores". Os grupos passariam a esclarecer os aspectos ligados à eficiência ou ineficiência do programa. Outros aspectos ligados à realização de "tapes", constituição de grupos de debates, depoimentos e seu tempo de duração, aspectos gerenciais do processo de avaliação, forma de apresentação do produto final, entre outros, deveriam sofrer modificações para que o modelo adotado fosse efetivamente eficiente na tomada de decisão sobre o programa em questão. Um modelo, por mais cuidadoso que seja a sua estruturação, nem sempre é aplicável a qualquer situação avaliativa.

CAPÍTULO 3

AVALIAÇÃO E SUA PRÁTICA: L. J. CRONBACH

3.1 Introdução

Ao escrever o seu célebre artigo – *Course improvement through evaluation* (1963) –, Cronbach não pretendeu apresentar um modelo para a realização de avaliações, conforme destacamos anteriormente (Vianna, 1986). As idéias que ventilou tiveram ampla ressonância e contribuíram em grande parte para o surgimento de dois trabalhos fundamentais na área da avaliação educacional, publicados ambos em 1967: o de Stake – *The countenance of educational evaluation* –, e o de Scriven, – *The methodology of evaluation* –, que serão objetos de consideração nos próximos capítulos. O artigo de Cronbach concentra-se na discussão de quatro aspectos de extrema importância: 1) – a associação entre avaliação e o processo de tomada de decisão; 2) – os diferentes papéis da avaliação educacional; 3) – o desempenho do estudante como critério de avaliação de cursos; e 4) – algumas técnicas de medida à disposição do avaliador educacional.

3.2 Idéias fundamentais

As idéias de Cronbach, no seu artigo de 1963, são resumidas nos seus pontos essenciais (Vianna, 1986) a fim de oferecer uma visão geral dos problemas que suscitaram e que, decorridos mais de 35 anos, ainda são relevantes e constituem um roteiro de questões de grande importância:

relação entre os especialista em currículo e o avaliador; avaliação e seus diferentes entendimentos; decisões possíveis em decorrência da avaliação; avaliação no aprimoramento e na revisão de cursos; avaliação e comparação de cursos; procedimentos de medida em avaliação educacional; avaliação de cursos e a opinião de especialistas; o uso da observação em avaliação educacional; e emprego do item *sampling*; a importância da análise dos itens; problemática dos instrumentos de medida na avaliação de currículos; o emprego de testes na medida de processos complexos; a especificidade dos itens e a questão da transferência de aprendizagem; e, finalmente, o uso de medidas de atitude e os estudos de *follow-up* na avaliação de cursos. A importância das idéias de Cronbach levou-nos a divulgá-las em 1986; agora, decorridos mais de catorze anos, tendo em vista a atualidade das mesmas, voltamos a discutí-las, porque constituem um *corpus* bastante coerente e sobre o qual é preciso refletir, especialmente por aqueles que praticam a avaliação e sentem necessidade de uma fundamentação teórica consistente [1].

O entendimento entre especialistas em currículo e elementos da área de avaliação nem sempre é perfeito. Muitas vezes aquele especialista não possui uma idéia perfeita do tipo de colaboração que o avaliador lhe pode proporcionar; por outro lado, conforme Cronbach (1963), muitas técnicas e concepções teóricas da avaliação não se ajustam perfeitamente aos problemas de currículo [2].

A avaliação, no seu sentido mais amplo, pode ser definida como um processo que visa à coleta e ao uso de informações que permitam decisões sobre um programa educacional. A avaliação, portanto, segundo Cronbach (1963), deve ser entendida como uma atividade diversificada, que exige a tomada de vários tipos de decisões e o uso de grande número de diferentes informações. A avaliação, com vistas ao aprimoramento de currículos, não deve ser confundida, como muitos o fazem, com a construção de instrumentos de medida e a obtenção de escores fidedignos, processos que, eventualmente, podem entrar no contexto da avaliação, mas que não são indispensáveis para que ela possa atingir seus objetivos.

Cronbach (1963) mostra que a avaliação é usada com o objetivo de tomar três tipos de decisões:

1) determinar se os métodos de ensino e o material instrucional, utilizados no desenvolvimento de um programa, são realmente eficientes;

2) identificar as necessidades dos alunos, para possibilitar o planejamento da instrução; julgar o mérito dos estudantes, para fins de seleção e agrupamento; fazer com que os estudantes conheçam seu progresso e suas deficiências; e
3) julgar a eficiência do sistema de ensino e dos professores etc.

Assim, de acordo com Cronbach (1963), no primeiro caso, a avaliação permitiria decisões que levariam ao aperfeiçoamento do currículo; no segundo, referir-se-ia aos alunos submetidos a determinado programa; e, finalmente, no terceiro e último caso, as decisões seriam de natureza administrativa.

3.3 Avaliação de curso – problemas

Cronbach (1963), em seu artigo, discute, particularmente, alguns pontos que não podem ser ignorados pelo avaliador educacional. Inicialmente, enfatiza o seguinte: – quando a avaliação visa ao aprimoramento de cursos, seu principal objetivo é verificar quais os efeitos do curso, ou seja, quais as mudanças que produz no estudante. O problema, segundo a perspectiva de Cronbach, não está em determinar se um curso é eficiente ou ineficiente apenas. É preciso lembrar que os resultados da instrução são multidimensionais e, desse modo, a avaliação deve promover o mapeamento de todos os efeitos do curso em cada uma de suas dimensões. Um erro freqüente está na concentração em um único escore de diversos desempenhos esperados após a realização de um curso. Isso pode ser enganador, pois o insucesso numa dimensão pode ser compensado pelo sucesso em outra. Os escores compostos englobam e, muitas vezes, ocultam julgamentos sobre a importância de vários resultados; desse modo, para fins de avaliação, é importante que os resultados sejam apresentados separadamente, a fim de que se tenha uma idéia real das mudanças que estariam ocorrendo no estudante como decorrência da influência exercida pelo currículo.

A avaliação presta um grande serviço quando identifica os aspectos do curso que necessitam de revisão, no dizer de Cronbach (1963). É evidente que qualquer especialista em currículo gostaria de apresentar evidências sobre a eficiência do seu produto, entretanto, conforme observa Cronbach, costuma haver certa relutância na aceitação de uma avaliação externa. O procedimento habitual consiste em submeter o produto à avaliação somente depois de terminado, com vistas a uma confirmação do que foi previamente estabelecido. Esse comportamento não proporcionará bons resultados, além de traduzir um menosprezo pelo importante papel que o avaliador pode efetivamente desempenhar. A fim de apresentar um papel influente, a avaliação deve acompanhar o desenvolvimento do currículo, quando o mesmo ainda se acha em estado fluido, para usar palavra de Cronbach (1963). A avaliação, assim entendida, possibilita a criação de conhecimentos sobre a natureza das habilidades que constituem os objetivos educacionais do projeto.

A comparação de cursos não deve ser o objetivo dominante da avaliação, na concepção de Cronbach (1963). A comparação de resultados de avaliações de cursos deve ser cautelosa, para evitar que decisões errôneas sejam tomadas. As diferenças entre os escores médios de diferentes cursos, geralmente, costumam ser pequenas, em virtude da grande diferença que há entre e intragrupos submetidos ao mesmo curso. A impossibilidade de equalizar diferentes grupos prejudica a interpretação dos resultados e representa um problema difícil de superar nos estudos comparativos de cursos. Além do mais, ainda conforme Cronbach (1963), em experimentos educacionais, é difícil ocultar dos estudantes o fato de que integram um grupo experimental, sendo igualmente complexo o controle do viés dos professores numa situação experimental. Ocorrem mudanças comportamentais e, assim, nem sempre se pode afirmar com convicção que um determinado resultado decorre, efetivamente, da própria inovação ou se é decorrência do fato de alunos e professores terem sido colocados diante de uma situação nova e experimental.

A comparação entre grupos pode oferecer resultados equívocos. Desse modo, Cronbach (1963) propõe que estudos formais sejam planejados, sobretudo, para determinar o desempenho após o curso por um grupo perfeitamente conhecido, a fim de verificar objetivos importantes e a ocorrência de efeitos colaterais. Cronbach (1963) chama a atenção para o fato de que um experimento, em que os tratamentos comparados diferem em inúmeros aspectos, a ocorrência de uma pequena diferença numérica, em favor da situação nova, não significa grande coisa e não contribui para o aumento de nossos conhecimentos. Estudos analíticos, em escala menor, mas em condições controladas, de versões alternativas de um mesmo curso, oferecem melhores resultados do que pesquisas de campo que aplicam tratamentos dissimilares a grupos diferentes.

3.4 Informações quantitativas e qualitativas

Um problema, posto em destaque por Cronbach (1963), refere-se aos procedimentos de medida, que variam em função do tipo de decisão a ser tomada. O instrumento usado para uma decisão administrativa deverá ser compreensivo e possuir todas as características psicométricas desejáveis, o mesmo ocorrendo para decisões individuais. Contudo, para a avaliação de um curso, o emprego da técnica de amostragem de itens oferece elementos suficientes para um julgamento preciso.

A avaliação de um curso é, freqüentemente, identificada com a aplicação de um teste. No entanto, conforme acentua Cronbach (1963), existem diferentes maneiras de analisar o desempenho de um estudante e este desempenho, por sua vez, não constitui o critério único para a avaliação de um curso. A avaliação pode ser realizada por intermédio de levantamentos de opiniões, relatórios de professores usuários do curso (observação de comportamento), observações sistemáticas, medidas ou estudos do processo, medidas de proficiência, medidas de atitudes e estudos longitudinais (*follow-up*), destaca Cronbach em seu artigo.

O levantamento de opiniões de especialistas sobre um determinado curso constitui um procedimento perfeitamente legítimo, ainda que implique diferentes problemas, sobretudo, se forem influenciadas por preconceitos, o que, naturalmente, dará margem a controvérsias. O posicionamento em relação a muitas metodologias de ensino pode ser polêmico, sendo necessária a sua experimentação para conhecimento de seus efeitos educativos. A opinião de diferentes especialistas pode servir, segundo Cronbach (1963), para avaliar esses efeitos.

As opiniões manifestas por professores, durante o desenvolvimento de um currículo, são importantes, pois graças aos seus relatórios, que traduzem observações de comportamentos, positivam-se os pontos críticos, as deficiências e todos os demais elementos que estão a exigir maiores cuidados, talvez substituição ou mesmo supressão total da parte comprometida. A observação do professor, ainda que não seja de natureza sistemática, reveste-se de grande importância para a avaliação educacional (Cronbach, 1963).

A observação sistemática é mais imparcial e, freqüentemente, consegue apresentar diferentes aspectos com maior profundidade. Contudo, apresenta, também, alguns problemas, como o de custos e o referente à demora que, geralmente, introduz entre o momento do ensino e a análise dos resultados. Este tipo de observação é particularmente útil durante a fase intermediária de desenvolvimento do currículo, quando as deficiências mais evidentes já foram eliminadas.

O estudo do processo refere-se aos eventos que ocorrem em sala, sendo, pois, de especial valor para o aprimoramento do curso. Nesse estudo, o registro de eventos não se limita àqueles relativos ao estudante durante a fase de instrução, procura, também, enfocar o procedimento do professor em sala de aula. Este conjunto de atividades dos alunos e dos professores possibilita ao construtor de currículos diagnosticar deficiências e propor modificações.

A medida da proficiência, ressalta Cronbach (1963), utiliza de várias técnicas. O uso da amostragem de itens – itens diferentes para alunos diferentes – oferece mais vantagens do que o emprego dos mesmos itens para todos os estudantes, na avaliação de cursos. Este tipo de medida pode utilizar-se, ainda, de questões de redação, de questões de resposta aberta curta e, se for o caso, de observação de indivíduos ou de grupos na abordagem de problemas de pesquisa ou na tentativa da solução de um problema complexo.[1]

Cronbach (1963) destaca o fato de considerar mais importante os dados relativos a um item do que os escores do teste. O escore global pode dar confiança ou não em relação a um determinado currículo, mas pouco informa como aprimorá-lo. Outro aspecto importante em avaliação de currículo, conforme mostra Cronbach (1963), refere-se à ajustagem do instrumento de medida ao currículo, que não precisa ser motivo de preocupação para o avaliador. Ainda que isso possa parecer surpreendente, porque em outras situações isso não deve ocorrer, na avaliação de currículo, contudo, e em termos ideais, todos os tipos desejáveis de profi-

---

1 *O* item sampling *(amostragem de itens) ou* matrix-sampling *possibilita fragmentar um número elevado de itens e aplicar cada um dos novos conjuntos de forma aleatória a uma amostra aleatória de estudantes, com estimativas bastante aceitáveis da média do teste completo e, na maioria dos casos, de sua variância, excetuando-se, naturalmente, os casos de testes de velocidade (*speed tests*) ou testes heterogêneos, em que a variância será afetada. O* item sampling *é importante na avaliação de programas, em que o interesse é no desempenho de grupos, e no caso de mensuração de mudanças com medidas comparáveis ao longo do tempo. A técnica não se aplica quando medidas de intercorrelações são desejáveis, ainda que possam ser testadas hipóteses sobre correlações se procedimentos adequados forem acautelados. O* item-sampling *é adotado pelo* National Assessment of Educational Progress – *NAEP, e na definição de normas pelo* Educational Testing Service – *ETS A tecnologia do* item sampling *é apresentada com bastante clareza por K. A Sirotnik* – Introduction to Matrix Sampling for the Practitioner –, *no livro editado por W. J Popham* – Evaluation in Education – current applications, *Berkeley, California, McCutchan Publishing Corporation, 1974*

ciência devem ser medidos e não apenas os de alguns objetivos selecionados pelo construtor do currículo. Se há um interesse em saber se o currículo alcança os seus objetivos, impõe-se o ajustamento do teste ao currículo, mas se a intenção é a de verificar até que ponto o currículo atende a interesses mais amplos, o ajustamento não é necessário, tendo em vista o desejo de que sejam verificados todos os objetivos possíveis.

Outro ponto enfocado por Cronbach (1963) diz respeito à distinção entre testes factuais e testes para verificar processos mentais complexos, segundo a terminologia de Bloom. A classificação dos itens de acordo com as categorias da Taxonomia é difícil e, às vezes, impossível. Se uma resposta traduz conhecimento ou compreensão depende de como o aluno foi ensinado e não apenas da questão apresentada. Aplicar um teste apenas para verificar se o aluno "sabe" ou "não sabe" um certo assunto não é inteiramente relevante para fins de avaliação de um curso, de acordo com Cronbach (1963), importando, isto sim, medir o conhecimento em termos de profundidade e relacionando à capacidade de aplicá-lo a novas situações (habilidade de aplicar).

A questão da especificidade das questões é considerada por Cronbach (1963), que discute, detalhadamente, o problema. A especificidade, na maior parte das vezes, concentra-se no uso de uma terminologia própria do curso, que somente é compreendida por aqueles que tiveram a oportunidade de assistí-lo. Ainda que o conhecimento dessa terminologia seja importante, para fins de avaliação, entretanto, é mais significativo a medida de compreensão, de relação e de outras variáveis do curso, que, em princípio, poderiam ser verificadas, também, em quem não foi diretamente submetido ao curso em questão.

3.5 Medidas de atitude e estudos longitudinais

Voltando, novamente, aos diferentes modos de avaliar um curso, Cronbach (1963) discute, ainda, as medidas de atitude e os estudos do tipo *follow-up* (longitudinal).[2]

---

2 *Os estudos longitudinais, além de exigirem grandes investimentos financeiros, demandam o emprego de complexo tratamento estatístico. Vide, por exemplo, entre outras referências, as seguintes: GOLDSTEIN, H.* The Design and Analysis of Longitudinal Studies. *Their Role and Measurement of Change. London, Academic Press, 1979; PLEWIS, I.* Analysing Change. *Measurement and Explanation Using Longitudinal Data. New York, John Wiley and Sons, 1985, VON EYE, A.* Statistical Methods in Longitudinal Research. *Boston, 2 vols. Academic Press, Inc., 1990.*

A formação de atitudes parece ser uma preocupação constante de todos os responsáveis por desenvolvimento de currículo, pois a expectativa é a de que cada atividade relacionada à aprendizagem contribua para o desenvolvimento de atitudes, além da área curricular específica. A mensuração de atitudes pode ser feita de diferentes modos: entrevistas, questionários e outras técnicas semelhantes, sem dúvida valiosas, mas cujos resultados, como adverte Cronbach (1963), devem ser aceitos com as devidas cautelas, porque sujeitos a distorções.

Os estudos de *follow-up* possuem ponto de contacto com as técnicas de observação, no entanto, conforme Cronbach (1963), muitas vezes se mostram de pouca valia para fins de aprimorar um curso ou explicar seus efeitos, em virtude do distanciamento temporal da fase de instrução inicial. Outro problema no *follow-up* é que este avalia os efeitos de um curso como um todo, não sendo possível detectar, por exemplo, desvios da situação ideal, diferenças na eficiência das várias partes do curso, ou, ainda, diferenças de um item em relação a outro item do programa, no dizer de Cronbach (1963). A necessidade, às vezes impossível, de igualar os grupos experimentais e os de controle, constitui outro problema nos estudos de *follow-up*, que, apesar de apresentarem esses pontos críticos, são importantes, especialmente para fins de pesquisas sobre a construção de novos currículos.

As idéias de Cronbach, no seu ensaio de 1963, são extremamente provocadoras, no bom sentido, e, pessoalmente, confessamos o nosso débito para com elas, tendo em vista que contribuiram para a formação do nosso pensamento nas atividades de avaliação, justificando-se, assim, a insistência com que temos procurado disseminar esse conjunto bastante coerente de idéias fundamentais para o praticante da avaliação. Assim como Cronbach, acreditamos que as mensurações são importantes em avaliação educacional, mas não se deve ficar limitado ao escore pelo escore, ou apenas para fins de comparação de posições. O importante, no caso, é que saibamos usar esses escores para uma descrição bastante ampla dos resultados obtidos. Por outro lado, é preciso, igualmente, que esses escores sejam indicativos das mudanças ocorridas e possibilitem identificar pontos críticos do currículo, do curso, do programa que precisam ser alterados ou submetidos a uma rígida revisão. A avaliação educacional, quando devidamente conduzida, serve para reduzir o mito do valor do escore (bruto) ou de compósitos. Na verdade, a grande fonte de informações está na análise das questões/itens e nas diversas respostas apresentadas, pois um item, isoladamente, fornece mais informações do que um simples escore. A amostragem de itens aplicada a uma amostra de alunos, para fins de avaliação, na perspectiva de Cronbach, possibilita a superação de uma série de problemas decorrentes do emprego do mesmo instrumento a todos os sujeitos.

3.6 Planejamento geral e interno

Cronbach é uma das raras figuras na área educacional que domina os múltiplos e complexos caminhos da avaliação em suas diferentes perspectivas. Além do importante artigo sobre avaliação de currículo (1963), escreveu livro capital – *Designing Evaluation of Educational and Social Programs* (1982) – em que discute, com rara felicidade e grande profundidade, os múltiplos aspectos da avaliação educacional, como mostrou Shrinkfield (In: Madaus et al. (Ed.), 1993).[3] Alguns dos pontos considerados por Cronbach (1982), envolvendo o planejamento da avaliação, merecem ser destacados, tendo em vista a sua relevância para o contexto geral da avaliação, o que faremos resumindo, conjuntamente, o pensamento de Cronbach (1982) e as observações de Shrinkfield (1993).

Cronbach é de opinião de que a avaliação tem uma função política. Desse modo, as reações aos dados da avaliação têm uma motivação política. O planejamento de uma avaliação deve ter flexibilidade suficiente para atender à diversidade dos interesses das suas várias audiências, com expectativas as mais diversas possíveis. A avaliação, acreditamos, afeta diferentes áreas de poder (política), devendo, pois, enfrentar desafios.

A avaliação é, geralmente, realizada por solicitação de um administrador que vê o avaliador como um técnico, ou seja, alguém que domina as técnicas de amostragem, conhece a tecnologia da construção dos instrumentos e é capaz de usar as mais sofisticadas metodologias estatísticas, sem considerar, entretanto, as possíveis implicações daquilo que o avaliador faz ou deixa de fazer, o que dá ao avaliador uma grande responsabilidade. A aprovação de um planejamento de avaliação deve merecer cuidadoso exame, envolvendo diferentes especialistas competentes para a decisão final relacionada à aprovação do projeto.

3 *Sobre avaliação de programas e seu planejamento ver, especificamente, em Cronbach (1982), as pp. 3-4, 13-18; 266; 268, 280. A respeito das fases convergente e divergente da avaliação, para maiores detalhes, consultar, especialmente, as páginas 210-239 e 323, da mesma obra de Cronbach (1982).*

Nenhum avaliador sozinho, na opinião de Cronbach, possui um conjunto de qualificações, por mais capaz que seja, para tomar todas as decisões relacionadas ao planejamento e à interpretação dos dados. A responsabilidade na avaliação deve ser compartilhada por um grupo – a equipe de avaliação –, o que possibilita uma análise e discussão sob diferentes perspectivas. O planejamento de uma avaliação, se bem considerarmos o problema, deve realizar-se, assim, em dois níveis: um planejamento geral, com vista a definir prioridades e alocar responsabilidades, e um planejamento interno, intra-equipes, que deve basear-se na experiência e na interação dos que formam os vários grupos ou equipes. O planejamento, desse modo, segundo Cronbach (1982), torna-se uma reflexão sobre o processo, perde o caráter mecânico e padronizado que costuma oferecer em algumas situações. A avaliação, no pensamento de Cronbach, é um caminho para eliminar complexos mecanismos e chegar a decisões sobre ações.

O planejamento de uma avaliação deve fundamentar-se na concepção do que seja, efetivamente, uma boa avaliação. Um bom planejamento está associado ao aumento de benefícios decorrentes da avaliação e a escolha das alternativas de planejamento deve levar em consideração de que forma a avaliação afetará a educação, o ensino. A avaliação, nos termos apresentados por Cronbach (1982), objetiva, entre outros aspectos, acelerar o processo de aprendizagem das instituições educacionais, por intermédio de informações que, de outra forma, não seriam consideradas ou poderiam ser interpretadas erroneamente.

A avaliação precisa concentrar-se em um conjunto de atividades científicas que garantam a congruência entre as observações apresentadas e o mundo da realidade. Além disso, as atividades científicas devem possibilitar interpretações aprofundadas sobre os dados levantados. Uma avaliação não terá um crédito relevante se tudo aquilo que o avaliador estabeleceu e aprendeu não for incorporado ao conhecimento de diferentes públicos: alunos, professores, pais, administradores, burocratas e a todos os cidadãos interessados em problemas educacionais.

O valor de um avaliador não está apenas em levantar questões, mas em dar respostas aos problemas, comunicando-as de uma forma eficiente: de modo claro, rapidamente, com fidedignidade e validade, oferecendo informações alternativas que satisfaçam às várias audiências. Tudo isso, para que a mensagem do avaliador seja compreendida, mereça credibilidade, ofereça respostas significativas, altere prováveis posições preconcebidas e estabeleça um diálogo enriquecedor, conseqüente e, finalmente, permita decisões adequadas [3]. Ainda que nem todos se deixem convencer por seus argumentos, o agir do avaliador deve ser, nesse sentido, para que o máximo de pessoas possam usar os dados levantados e as conclusões estabelecidas, mas isto deve fazer parte do seu plano de ações definidas pela equipe de avaliação. A avaliação deve esclarecer controvérsias, dirimir dúvidas sobre falsos pressupostos e possibilitar ações que resultem da compreensão do objeto avaliado.

Os contrastes entre os aderentes da abordagem científica da avaliação e os entusiastas – às vezes por demais entusiastas – da abordagem holística ou naturalista levam a uma polarização que uma reconciliação parece impossível. Cronbach, assim como nós outros também, acredita que há muitos exageros em ambas as posições e que uma posição conciliatória, uma mistura de estilos, no dizer de Cronbach, é possível, bastando, para isso, que as mentes estejam abertas e uma boa comunicação se estabeleça entre ambos. A avaliação é um campo próprio para qualquer tipo de investigação, pois, como acentua Cronbach (1982), somente assim a verdade de uma situação pode ser avaliada.

Um dos problemas que o avaliador deve enfrentar consiste na distribuição do esforço investigativo num momento específico, exigindo uma preocupação maior com o equilíbrio de diferentes aspectos do planejamento. Assim, assinala Cronbach, um certo aspecto pode exigir mais ênfase no experimentalismo, enquanto, em outros, um posicionamento naturalista seria mais adequado. As duas abordagens podem ser usadas em função da natureza da avaliação, ainda que, na maioria dos seus trabalhos, o planejamento seja do tipo estudo de caso ou de avaliação iluminativa. A explicação para esse fato decorre de que Cronbach acredita que as abordagens naturalistas ainda não sedimentaram seus fundamentos, o que precisaria ser feito com o aprofundamento das discussões.

Há uma concordância geral, como bem mostra Cronbach (1982), que as instituições sociais, inclusive as educacionais, precisam ser inovativas, o que nem sempre ocorre e, assim, elas acabam ficando muito aquém do que poderiam ser, o que demonstra a necessidade de constantes avaliações.

3.7 Humanistas e behavioristas

Cronbach lembra-nos que entre avaliadores humanistas e behavioristas há concordância de que a avaliação de um programa deva ser empírica e os eventos examinados nos locais em que ocorrem. O problema estaria, possivelmente, na idéia de que as conclusões sobre os fatos podem ser inferências que vão muito além dos dados. As conclusões podem ser falíveis e basearem-se em pressuposições ou meras hipóteses de trabalho. Daí, precisarmos considerar que as conclusões podem ser afetadas pelo seu maior ou menor grau de plausibilidade. Os avaliadores, especialmente aqueles que seguem uma metodologia quantitativa, precisam lembrar que as estatísticas são acompanhadas por graus de incerteza, o que nos faz considerar que a avaliação não se pode apoiar inteiramente em métodos estatísticos e nas inferências decorrentes dos resultados. Tudo isso indica que o avaliador, diante dessa situação, deva fazer opções que melhor atendam ao seu caso específico.

A partir do anteriormente colocado, apercebemo-nos que alguns avaliadores, no planejamento e na prática, usam ambas as abordagens, a científica e a humanista. Outros, preferirão um estilo uniforme num determinado estudo. Aqueles que favorecem testes somativos, possivelmente, optarão pela objetividade na observação e análise. Ao contrário, a opção por estudo de caso levará a advogar uma interpretação do tipo impressionista. Quando o avaliador, ao planejar, não consegue identificar o estudo, deve prosseguir e a identificação far-se-á no contexto, a partir dos dados coletados e interpretados pelo avaliador, com base na sua experiência direta ou na vicária. Um planejamento é considerado forte se identifica, apropriadamente, e formula, claramente, as variáveis, permitindo predições objetivas, reproduzíveis e inquestionáveis, teoricamente fundamentadas.

Cronbach (1982) mostra que não há incompatibilidade entre um controle experimental e o uso de informação qualitativa ou interpretação subjetiva. Um experimento formal pode incorporar entrevistas, por exemplo, e, por outro lado, dados quantitativos podem ser usados na construção de hipóteses para um estudo de caso, sendo possível, ainda, combinar um planejamento forte com interpretação subjetiva. Um observador naturalista, por sua vez, pode introduzir objetividade no seu estudo documentando incidentes à medida que ocorrem e empregando vários observadores para enfocar um aspecto particular do programa que está sendo avaliado.

A concepção de Cronbach é no sentido de que há um *continuum* entre planejamento científico e humanístico em avaliação e que toda a retórica entre o polarismo de experimentação e estudo de caso, numa visão naturalista, é útil, por destacar questões críticas para a avaliação educacional. Alguma forma de controle na coleta de dados, na manipulação dos tratamentos e na observação naturalista, sendo importante encontrar um equilíbrio entre os dois estilos que podem ser usados em diferentes momentos da evolução de um programa avaliativo.

3.8 Planejamento – fase divergente

Uma avaliação leva, necessariamente, a conclusões que expressam diferentes expectativas de várias audiências em relação às decisões a serem tomadas, inclusive propostas de mudança. Isso significa que o avaliador, na fase de planejamento, se deva preocupar por todos os meios possíveis para que essas conclusões sejam válidas. O que nos leva ao que Cronbach (1982) denominou de fase divergente e convergente do planejamento da avaliação. O avaliador não é livre para propor questões a serem respondidas pela avaliação. As questões/problemas decorrem de incertezas dos que constituem a comunidade responsável pela tomada de decisões e a implementação de ações. A fase divergente, quando possíveis questões são levantadas, e a fase convergente, quando prioridades são estabelecidas para essas questões, sendo aconselhável que os responsáveis pela solicitação de uma avaliação considerem essas duas fases antes de ser solicitada a colaboração de uma equipe de avaliação.

A fase divergente do planejamento é importante, porque é nesse momento que o avaliador e administradores formulam o máximo possível de indagações a serem consideradas a respeito da avaliação. Perguntas devem ser feitas – a quem?, eis um problema a considerar, tendo em vista que possíveis omissões podem contribuir para que se tenha uma visão restrita do quadro a ser avaliado. Ainda que o avaliador se situe em melhores condições para propor questões, a decisão sobre a sua relevância e inclusão no projeto acaba sendo feita em conjunto pelo avaliador e administradores, considerando suas implicações políticas. É nessa fase que se formam grupos de pressão, pretendendo impor idéias e orientações pessoais, mas os possíveis atritos devem ser superados e as realidades acabam por prevalecer, face, inclusive, às condições políticas. Uma fonte de questões, nesta fase, é representada pelos objetivos propostos para a avaliação. A lista de objetivos deve ser a mais completa possível, abrangendo, inclusive, objetivos não diretamente desejáveis. Cronbach, aliás, ressalta que a relação de objetivos será incompleta se dela não constarem, ou melhor, não for dada suficiente atenção aos *unwanted outcomes*, aos efeitos colaterais da avaliação, que são outro aspecto a considerar, nessa fase, ainda que se saiba que são difíceis de alcançar depois de completada a avaliação, o que exigirá um estudo posterior de *follow-up*. Vemos, assim, que nesta fase o avaliador deve ouvir diferentes segmentos da comunidade profissional e não-profissional a fim de identificar diferentes esperanças e, também, temores dos vários grupos da sociedade.

3.9 Planejamento – fase convergente

A fase convergente destaca a necessidade de que as questões sejam propostas para uma diversidade de indivíduos e grupos. Deve-se considerar que muitas dessas questões serão abandonadas por razões práticas e não serem prioritárias. O número de variáveis a serem tratadas em uma avaliação, muitas vezes, precisa ser reduzido por razões de custos, tendo em vista limitações orçamentárias. Por sua vez, uma avaliação se torna por demais complicada e difícil de administrar, quando deve considerar uma massa muito grande de informações e, conseqüentemente, muita coisa é perdida no decorrer da redução dos dados e na sua síntese. Por fim, precisa-se considerar, também, que na comunidade responsável pela tomada de decisão poucas são as pessoas que querem conhecer todo o detalhamento da avaliação e nem sempre têm disponibilidade de tempo para manifestar sua opinião a respeito de tudo, ainda que isso fosse desejável.

É nesse momento da fase convergente, mostra Cronbach (1982), que é identificado o que possui valor para ser avaliado; é nesse momento que é decidido o grau de tolerância para a omissão de certas variáveis, considerando-se que o avaliador deve investir seu tempo e esforço naquilo em que tem certeza de que vai obter resposta, há possibilidade de conseguir amplas informações, os custos da avaliação não serão aumentados e as opções oferecidas pelo avaliador têm alto peso entre as informações necessárias ao processo decisório, ou seja, a esperança é a de que cada uma das respostas dadas pela avaliação tenha importância nas decisões que serão tomadas.

3.10 Perda de informações – as audiências e a equipe

Cronbach (1982) destaca o problema da perda de informações na avaliação. O observador nem sempre comunica o total das suas observações, sendo algumas perdidas no processo de codificação e sumário das estatísticas, enquanto outras informações são omitidas do relatório. Há um processo de seletividade e significação das informações.

Surge, aqui, a questão das várias audiências do avaliador, que são distintas e nem sempre identificadas com a linguagem e o estilo de pensamento do avaliador responsável pelo relatório da avaliação. É necessário que o avaliador indague sobre o que relatar, sem dificultar o pensamento do usuário da avaliação, e quais as implicações que isso poderá ter nas primeiras operações de campo da avaliação. O problema da comunicação é, assim, um dos aspectos mais relevantes na disseminação das informações e Cronbach compara o papel do avaliador ao do jornalista, que investiga o que é de interesse público, seleciona o que merece a atenção do público e apresenta as coisas de forma a atrair a atenção do público, o que nem sempre ocorre na avaliação educacional.

Cronbach, Stufflebeam e, anteriormente, Stake acreditam que o trabalho de avaliação deva ser dividido entre todos os membros da equipe, que age, entretanto, como uma unidade solidária. A equipe deve ter uma perspectiva de tudo aquilo que acontece e possa, depois, interpretar corretamente os dados. Ao final, Cronbach (1982) mostra-se otimista quanto à importância da avaliação, na medida em que a sociedade passa a utilizar suas informações para iluminar suas linhas de ação.

3.11 NOTAS E COMENTÁRIOS

[1] Ainda que o assunto – medidas e avaliação – já tenha merecido uma certa cobertura, ao fazermos considerações teóricas e posicionamentos, voltamos a ele para mais um esclarecimento, tendo em vista que o assunto ainda se acha difuso (e confuso) em nosso contexto educacional. É necessário não confundir avaliação, *assessment* e medida, palavras que não podem ser usadas de forma intercambiável, ainda que isso ocorra com relativa freqüência. Não são sinônimos, diz Choppin, In: Walberg e Haertel (1990), e nem devem ser confundidas com *testing*, sobretudo quando se considera que os tipos de teste usados nos três processos podem apresentar grandes diferenciações.

Medir é, na sua definição clássica, anteriormente apresentada, atribuir números a um certo atributo, segundo determinados critérios. As medidas em educação referem-se a atributos, sendo, pois, medidas indiretas. O ato de medir pode ser básico na pesquisa, mas não necessariamente na avaliação. As medidas em educação, realizadas por meio de testes/provas, resultam em escores brutos, que, por sua natureza não-linear e a falta de certeza quanto ao significado do zero e do escore perfeito, devem ser transformados em escalas, para que se revistam de significado.

Assessment é a avaliação aplicada a pessoas, como o caso do rendimento escolar de um estudante, da atitude de um aluno em relação a um curso ou a competência profissional de um professor. A tradução de *assessment* como rendimento escolar, o que ocorre com bastante freqüência, parece-nos bastante limitada, face ao exposto. *Assessment* está relacionado a um indivíduo. Quando os escores de vários indivíduos são agregados, para fins de análise, interpretação e discussão, atividades que nos permitirão fazer afirmações do tipo – os alunos da região A possuem nível de desempenho melhor que os da região B –, no caso, estamos diante de uma avaliação e não mais de um *assessment*. Exemplo: os resultados do Sistema Nacional de Educação Básica no Brasil (SAEB) traduzem uma avaliação, o mesmo ocorrendo com os escores agregados do *National Assessment of Educational Progress*, nos Estados Unidos.

A palavra avaliação, por outro lado, deve ser utilizada em relação a entidades abstratas, como programa, currículo ou variáveis organizacionais. O uso da expressão avaliação educacional implica julgamento de valor, conforme o destaque de Scriven (1967), e a palavra avaliação deve ser empregada quando se fazem comparações entre programas, currículos ou entre esquemas organizacionais.

[2] É importante que se esclareça o seguinte: – quando as pessoas falam em avaliação de currículo podem estar significando diferentes coisas, como diz Alkin, In: Madaus et al. (1993): – avaliação de um produto do currículo ou avaliação de um programa curricular. A avaliação de produto – cursos, livros, materiais, etc – emprega critérios externos, que possibilitam julgar em que medida o produto possui adequação curricular, atende aos objetivos estabelecidos, desenvolve as habilidades esperadas e é adequado ao nível de conhecimento, à idade, à etnicidade e ao próprio background sócio-econômico do aluno. Os critérios externos, antes referidos, podem estar relacionados ao nível de leitura (dificuldade), à adequação aos objetivos, ao conteúdo instrucional, à metodologia instrucional e à validação (impacto). A avaliação formativa ou somativa de um produto visa a alterá-lo durante o seu desenvolvimento ou a validá-lo antes da sua divulgação.

A avaliação de programa, na perspectiva de Alkin (1990), refere-se ao complexo de interações entre um certo programa instrucional e o seu cenário, ou seja, preocupa-se em verificar como um determinado currículo funciona no processo instrucional. Ainda que, sob alguns aspectos, a avaliação de programa se superponha à avaliação de currículo, dela, entretanto, se afasta, pois o seu interesse maior não se concentra no currículo *per se*, mas o currículo como uma parte operacional do programa.

A avaliação de programas curriculares apresenta diferentes subconjuntos, como mostra Alkin (1990), que podem ser caracterizados da seguinte forma: 1) avaliação orientada pela medida dos resultados (objetivos), que é o modelo de TYLER e seus seguidores; 2) avaliação orientada por pesquisa ou metodologia, em que aspectos particulares da metodologia são considerados, como, por exemplo, na abordagem de GUBA, que procura realçar a riqueza que os dados qualitativos e descritivos podem trazer para a avaliação; 3) avaliação orientada por valores, na qual os valores são o principal elemento verificado pelos teóricos, casos de SCRIVEN e Eisner, que julgam caber ao avaliador a emissão de juízos de valor e, em menor ênfase, no caso de STAKE; e 4) avaliação orientada para a decisão, enfoque que procura destacar a preocupação dos responsáveis pela tomada de decisão e dos usuários das informações da avaliação, o que pode ser observado em STUFFLEBEAM, PROVUS e no próprio Alkin.

[3] A questão do impacto da avaliação foi objeto de algumas considerações bastante pertinentes de Alkin e Dallack, In: Walberg e Haertel (1990). Os autores discutem que as informações coletadas, analisadas e divulgadas, no caso de uma avaliação educacional, destinam-se à tomada de decisões, segundo a colocação de Stufflebeam e, dizem Alkin e Dallack (1990), à expectativa geral. As informações deverão ter influência sobre as atividades e as atitudes de pessoas ou grupos na área educacional, o que caracterizaria o impacto. As informações, apesar de influenciarem atitudes e valores, nem sempre influenciam as ações (atividades), tendo um impacto meramente conceitual, que, eventualmente, no futuro, pode vir a resultar em ação. Alguns impactos da avaliação educacional podem ser inesperados, mas como identificar os diversos impactos e como medir o possível impacto de uma avaliação? É, na visão de Alkin e Dallack (1990) e de outros especialistas, um problema realmente complexo, considerando que muitos impactos não são diretamente observáveis, além do que outros elementos que não integraram a avaliação podem estar influindo nos resultados e no seu impacto. A mensuração do impacto, além do mais, é difícil de ser concretizada, o que faz com que muitos aceitem as repercussões da divulgação dos resultados como um reflexo do impacto. O impacto é, também, inferido em relação às ações subseqüentes dos responsáveis pela tomada de decisões. A questão do impacto das avaliações é um desa-

fio, tendo em vista que há uma multiplicidade de fatores que atuam, concomitantemente, no processo, maximizando ou minimizando o impacto. A medida do impacto das avaliações é, muitas vezes, perturbada por fatores políticos e burocráticos. Ainda não se chegou a estabelecer uma metodologia própria para análise do impacto de avaliações, sendo o problema resolvido, na maioria das vezes, pela realização de um *survey* (entrevistas) e de estudos de caso.

Capítulo 4

AVALIAÇÃO E SUA LÓGICA: MICHAEL SCRIVEN

4.1 Introdução

Scriven, sem a preocupação de criar um modelo, ao publicar seu ensaio *Methodology of Evaluation* (1967), desenvolveu uma série de idéias fundamentais para a compreensão da lógica da avaliação educacional. Inicialmente, acreditamos que a sua grande contribuição consistiu em estabelecer que a avaliação desempenha muitos papéis (*roles*), mas possui um único objetivo: determinar o valor ou o mérito do que está sendo avaliado. A diferença entre *roles* (papéis) e *goals* (objetivos) foi, assim, uma das muitas contribuições de Scriven para o desenvolvimento de uma possível futura teoria da avaliação. O objetivo consistiria em oferecer uma resposta satisfatória aos problemas propostos pelas questões a serem avaliadas; os papéis referir-se-iam às maneiras como essas respostas são usadas. Conceitualmente, haveria diferença entre ambos, tendo em vista que os objetivos estão intimamente ligados a questões de valor, mérito [1].

4.2 Metodologia da Avaliação

A *Methodology of Evaluation* (1967) é uma obra extremamente rica em idéias que hoje estão, definitivamente, incorporadas ao universo da avaliação e fazem parte do patrimônio pessoal de cada avaliador. Assim, ao diferenciar os papéis formativo e somativo da avaliação, Scriven estava apresentando dois conceitos que iriam influenciar enormemente o futuro e a prática da avaliação. Scriven mostrou que a avaliação formativa deve ocorrer ao longo do desenvolvimento de programa, projetos e produtos educacionais, com vistas a proporcionar informações úteis para que os responsáveis possam promover o aprimoramento do que está sendo objeto de implementação. As discussões entre especialistas, ao longo do desenvolvimento de um programa, o exame de seu conteúdo por pessoas que possuem *expertise* na área de seu conteúdo, a aplicação de diferentes instrumentos de mensuração a grupos de crianças e/ou adolescentes etc. seriam, naturalmente, práticas envolvendo a dimensão formativa da avaliação. Scriven mostrou, ainda, que ao longo de um projeto a avaliação formativa deve ser uma constante, a fim de que os responsáveis possam, usando as informações, realizar as modificações que se fizerem necessárias [2] [3].

A avaliação somativa, conduzida ao final de um programa de avaliação, possibilita, ao seu futuro usuário, elementos para julgar a sua importância, o seu valor, o seu mérito. A avaliação somativa de um currículo, por exemplo, pode ser usada para determinar a eficácia desses currículos, a partir da análise dos dados de uma amostra de escolas, professores e estudantes. A conclusão é a de que a avaliação somativa torna-se indispensável para os usuários em potencial de qualquer currículo, programa ou material.

4.3 Avaliação formativa e somativa

Ao considerar estes dois tipos de avaliação, dentro do pensamento traçado por Scriven, é necessário atentar, especificamente, para os futuros usuários ou clientes do que está sendo objeto de avaliação, e , ainda, considerar os papéis da avaliação. Estamos diante de coisas completamente diferentes. A avaliação formativa, no caso de um programa, tem a sua clientela concentrada nos elementos responsáveis pelo desenvolvimento do próprio programa. A avaliação somativa desse mesmo programa teria destinatários diferentes: consumidores potenciais (alunos e professores, por exemplo) ou instituições financiadoras (CAPES, FINEP, Fundação Ford etc.) ou, ainda, supervisores educacionais e os próprios responsáveis pelo desenvolvimento do projeto. O primeiro tipo de avaliação – formativa – está diretamente relacionada com a decisão de desenvolver um programa, sua modificação ou, ainda, sua revisão, por exemplo. A avaliação do tipo somativa está ligada à decisão de continuar com o programa, encerrá-lo ou adotá-lo, entre outros aspectos.

Os dois tipos de avaliação – formativa e somativa – são fundamentais, considerando que várias decisões devem ser tomadas no decorrer das diversas fases do desenvolvimento do programa, e que, ao término, dever-se-á determinar o mérito desse programa e empreender outras decisões, inclusive em relação ao futuro do programa, se deve continuar ou ser encerrado definitivamente. Apesar da importância desses dois tipos de avaliação, observamos que, habitualmente, os avaliadores concentram seus esforços em avaliações somativas. É preciso que o avaliador tenha cautela, pois, sem a avaliação formativa, o processo de desenvolvimento, seja de um programa, projeto ou material, resultará incompleto e inteiramente ineficiente. A realização de uma avaliação apenas ao final – somativa, portanto,– somente tem possibilidade de, muitas vezes, constatar o fracasso de um projeto.

As dimensões da avaliação formativa e somativa, conforme o destaque de Worthen e Sanders (1987), podem ser combinadas com as dimensões externa e interna da avaliação, dando origem, dessa forma, a uma avaliação (1) – formativa interna, (2) – formativa externa, (3) – somativa interna, e (4) – somativa externa. A primeira – avaliação formativa interna – é conduzida por um avaliador interno, alguém que conhece o programa. A possível falta de objetividade do avaliador não tem as mesmas conseqüências de uma avaliação somativa. Esta é melhor conduzida por um avaliador externo ou uma agência externa, ainda que isso nem sempre seja possível por razões várias, inclusive de ordem financeira ou por falta de *expertise*. O trabalho de um avaliador interno, na avaliação somativa, seguindo a linha de pensamento de Scriven, nem sempre se reveste de objetividade e credibilidade, mas é possível contornar as dificuldades, desde que o avaliador selecionado não seja uma pessoa intimamente identificada com o programa ou o objeto que está sendo avaliado. Estudos de avaliação formativa e somativa são indispensáveis, como mostra Scriven, na medida em que desejamos aprimorar o desenvolvimento dos sistemas educacionais.

O papel do avaliador formativo externo nem sempre é considerado, apesar do destaque de Scriven (1972). A sua falta de familiaridade com o programa ou com o seu contexto faz com que possa não se aperceber dos aspectos negativos do programa que deveria considerar, e pode, ainda, ser influenciado por percepções *a priori* do programa e do seu valor. Um avaliador formativo externo tem uma visão fria da questão e antecipa o avaliador somativo. A sabedoria, ainda conforme Scriven (1972), indica a necessidade de um avaliador formativo externo [4].

4.4 Modelos em avaliação

Ao discutir a questão dos modelos (1974), que são numerosos, superiores a quase meia centena, Scriven destaca que o campo da avaliação é cheio de inquietações metodológicas, o que não deixa de ser sinal bastante positivo, mas que gera confusão e dificuldades para o praticante da avaliação. A questão da diversidade das abordagens é resultante de posições epistemológicas diferentes, preferências metodológicas diversas e diferentes visões metafóricas da avaliação. Scriven (1967) coloca a questão do julgamento de valor em avaliação, mas muitos discordam desse posicionamento, adotando uma posição prática e associando a avaliação à tomada de decisão, achando que o juízo de valor deva ser feito por quem toma a decisão, o que não é o caso do avaliador. Outros, acham que a avaliação só se completa se o autor do relatório final, responsável pela decisão, apresentar um juízo de valor. Ou seja, a responsabilidade é do avaliador [5].

4.5 Avaliação goal-free

A questão da avaliação independente de objetivos (*goal-free*) foi colocada por Scriven (1973). É preciso partir do princípio de que não se podem aceitar tranqüilamente, sem maiores análises, os objetivos fixados pelos avaliadores. Os próprios objetivos precisam passar pelo crivo da análise e ser avaliados. Scriven (1973) mostra que muitos objetivos possuem uma alta dose de retórica e, em muitos casos, se distanciam da realidade dos objetivos definidos em programas, por exemplo, ou, o que é pior, adulteram completamente suas reais finalidades.

A avaliação *goal-free* defendida por Scriven (1973), teria como principal função reduzir os vieses e aumentar a objetividade das avaliações. O avaliador, diante de uma avaliação orientada por objetivos, tem um conjunto de objetivos que foram, na verdade, definidos pelo coordenador do desenvolvimento do projeto, o que limita a sua percepção do problema, impedindo-o de verificar os resultados diretamente relacionados aos objetivos que foram anteriormente determinados. Objetivos colaterias existentes no projeto, mas não previstos no programa, nem sempre podem ser identificados pelo avaliador, ficando o mesmo circunscrito aos objetivos que foram pré-definidos.

Worthen e Sanders (1987) vêem as seguintes características em uma avaliação não orientada por objetivos:

- o avaliador, propositadamente, evita tomar conhecimento dos objetivos do programa;
- não se permite que os objetivos pré-estabelecidos provoquem uma limitação na capacidade de análise da avaliação;
- a avaliação *goal-free* concentra todo os seus esforços em identificar os objetivos reais do programa e não os resultados pretendidos do programa;
- o avaliador *goal-free* tem um contacto mínimo com a equipe responsável pelo programa;
- a avaliação *goal-free* aumenta a probabilidade de antecipar efeitos colaterias dos programas.

A avaliação por objetivos e a *goal-free* não são mutuamente exclusivas, reconhece Scriven (1973). Ao contrário, complementam-se. O avaliador *goal-free* vai determinar até que ponto os objetivos pretendidos pelos criadores dos programas estão sendo realmente alcançados, o que constitui uma tarefa especialmente destinada ao avaliador externo.

4.6 Critérios para avaliação de produtos

Houve da parte de Scriven (1967) uma preocupação em estabelecer critérios para a avaliação de qualquer produto educacional. Estes primeiros critérios eram bastante limitados. Assim, mais tarde, Scriven voltou ao assunto (1974), estabelecendo padrões para a avaliação de programas educacionais e produtos. Divulgou uma listagem (*checklist*)[1] para uso de especialistas, identificando, entre outros, os seguintes aspectos a considerar:

01. Necessidade – número de pessoas afetadas pelo produto, significação social, ausência de substitutos, efeitos multiplicativos, provas de sua necessidade.

---

1 Existem várias *checklists* elaboradas por diferentes avaliadores, com variadas abordagens (Worthen e Sanders, 1987).

02. Mercado – plano de disseminação do produto, tamanho e importância dos mercados potenciais.
03. Desempenho real – julgamento de campo – evidência da eficácia da versão oficial, com usuários típicos, com recursos típicos, em contextos típicos, em um tempo típico definido.
04. Desempenho-consumidor verdadeiro – testes com todos os "consumidores" importantes – estudantes, professores, diretores, membros de conselhos distritais, estaduais e federais, Congresso e contribuinte.
05. Desempenho – comparações críticas – dados comparativos sobre diferentes competidores, competidores existentes, competidores projetados, competidores criados, competidores hipotetizados.
06. Desempenho – longo prazo – evidências sobre os efeitos do produto em tempos estabelecidos, tais como de uma semana a um mês, um mês a um ano, um ano e vários anos mais tarde, sobre fases críticas da existência do produto.
07. Desempenho – efeitos colaterais – evidências de estudos ou pesquisas independentes relativas a resultados esperados, imediatamente após o uso num longo período de tempo.
08. Desempenho – processo – evidência do uso do produto para verificar a descrição do produto, reclamações e moralidade no uso do produto.
09. Desempenho – causalidade – prova da eficácia do produto por intermédio de um estudo experimental, ou quase-experimental, ou *ex post-facto*, ou um estudo correlacional.
10. Desempenho – significância estatística – provas estatísticas da eficiência do produto, através de análises técnicas, níveis de significância e interpretações.
11. Desempenho – significância educacional – demonstrada por intermédio de julgamentos independentes, julgamentos de peritos, julgamentos baseados na análise de itens e em escores de testes, efeitos colaterais, efeitos a longo prazo e ganhos comparativos, uso educacional importante.
12. Custos-benefícios – análise abrangente dos custos, incluindo custos do julgamento de peritos, custos de julgamentos independentes, comparação de custos de competidores.

13. Apoio ampliado – planos para futura coleta de dados do mercado e aprimoramento, treinamento em serviço, atualização de auxílios, estudo de novos usos e dados sobre usuários.

A longa transcrição de Scriven foi intencional, mas para entendermos a sua preocupação com a avaliação de produtos precisamos considerar o contexto norte-americano, a sua atividade intensa na produção competitiva, o oferecimento dos mais diferentes tipos de produtos educacionais, desde pacotes curriculares até os mais variados tipos de serviços. Tudo dentro do espírito capitalista e da prática da empresa privada. A produção de material didático é uma indústria de vários milhões de dólares que tem usuários conscientes dos seus direitos de consumidores que exigem elevados padrões de qualidade. As colocações de Scriven são importantes, ao menos teoricamente. No entanto, cumpre-nos ressaltar que, dificilmente, qualquer produto, mesmo dentro de uma filosofia de alto controle de qualidade, conseguiria satisfazer a totalidade dos critérios apresentados. Uma seleção dos padrões mais importantes, para um determinado caso, pode ser feita na prática, mas para uma avaliação restrita a determinados aspectos.

4.7 Questões conceituais – preocupação

A presente exposição é apenas uma síntese de algumas das idéias básicas de Scriven, cuja preocupação com aspectos conceituais da avaliação levou-o a escrever um número bastante significativo de artigos e monografias, dispersos em publicações de alto nível internacional. Queremos lembrar que, além dos problemas anteriormente apresentados, Scriven abordou temas de grande relevância, podendo ser destacados, entre outros, igualmente significativos, os relacionados, por exemplo, com a necessidade da participação em certos projetos de avaliadores que sejam peritos em áreas específicas, dada a impossibilidade de um único avaliador dominar todos os campos do conhecimento envolvidos em um determinado projeto, como seria o caso da avaliação de um currículo de língua nacional ou estrangeira, em que alguém com *expertise* precisaria integrar a equipe de avaliação, no campo da sua especialização. Scriven preocupou-se, também, com o mito do avaliador sem *bias* (viés), que seria imparcial, pois realizaria um trabalho supostamente objetivo. O raciocínio é falacioso, porque não podemos esquecer que nos projetos de avaliação existem relações interpessoais e relações interinstitucionais que podem comprometer a suposta imparcialidade dos avaliadores. Ao contrário de Cronbach, Scriven defendeu e justificou plenamente a necessidade da realização de avaliações comparativas, que trariam um maior aporte de informações, permitindo uma tomada de decisão e o estabelecimento de juízos de valor de uma forma mais segura. A sua formação acadêmica e o constante trato com problemas da filosofia da ciência fizeram com que Scriven chamasse a atenção para a necessidade da análise crítica dos diferentes e numerosos modelos surgidos na avaliação, aos quais faltaria consistência lógica e, muitas vezes, se limitariam a incorporar elementos de outros modelos. Ainda nessa linha de análise das avaliações, Scriven defendeu a idéia de uma meta-avaliação (avaliação da avaliação), o que mais tarde foi concretizado sob a orientação de Stuffelbeam, como será visto posteriormente, na apresentação dos padrões para avaliação de avaliações. A defesa da avaliação somativa externa é um dos pontos destacados por Scriven, que, entretanto, compreende a impossibilidade de, algumas vezes, realizá-la, aceitando, com restrições, a avaliação somativa interna, mas acentuando que ao avaliador, nessa situação, faltaria perspectiva para examinar adequadamente o trabalho, além de surgirem dúvidas sobre a imparcialidade do seu julgamento. Uma preocupação de Scriven é com os altos custos da avaliação, mas reconhece que é impossível realizar uma avaliação *cost-free*. Assim, a compensação estaria nos benefícios que seriam decorrentes da avaliação, em que o principal beneficiário acabaria sendo o aluno, o currículo e a própria instituição [6].

4.8 NOTAS E COMENTÁRIOS

[1] A presente nota ressalta alguns aspectos da significativa obra de Scriven, que não foram mencionados ou explorados, devidamente, no corpo principal do capítulo a ele dedicado. A obra de Scriven situa-se no conjunto das reações ocorridas ao modelo de Tyler, especialmente face à dificuldade do seu emprego na avaliação em física, química e matemática, entre outras áreas, que foram objeto de avaliação após a surpresa do Sputnik, em 1957, para usar a expressão de Guba e Lincoln (1981). Scriven teve um papel destacado ao analisar, criticamente, a pletora de avaliações posteriores à legislação federal de 1965 (ESEA), escrevendo uma de suas obras metodológicas (1967) mais significativas sobre avaliação, onde, de maneira bastante contundente, declara que as atuais concepções – referia-se à

década de 60 – da avaliação dos instrumentos educacionais (novos currículos, textos de instrução programada etc) eram inadequadas, do ponto de vista filosófico e prático. A sua contribuição, ao escrever o ensaio *Metodologia da Avaliação* (1967), foi no estabelecimento da diferença entre avaliação formativa e somativa, ou entre aprimorar e julgar o *evaluand*, palavra por ele criada para designar a entidade que está sendo avaliada. Estabeleceu, ainda, distinção entre o avaliador profissional e o amador, atribuindo àquele a responsabilidade de apresentar juízos de valor; discutir a questão dos objetivos na avaliação do rendimento escolar e o valor da sua concretização, além de, entre outros aspectos, considerar a questão da comparabilidade das avaliações, concluindo pela sua utilidade, em oposição à concepção contrária de Cronbach.

Os anos de 1972 a 1974 são de intensa produtividade para Scriven, que discute o problema da subjetividade em avaliação, assunto que será por nós destacado na parte relacionada às posições de Stake; apresenta a idéia de uma avaliação *goal-free*, à qual já nos referimos, anteriormente, no corpo do capítulo e que será objeto de uma nota especial; discute a possibilidade de maximizar o poder da investigação causal, apresentando o método *Modus Operandi*; e debate o pró e o contra da avaliação *goal-free*, por ele próprio apresentada. Scriven, ainda nessa época, levanta a questão dos efeitos intencionais e não-intencionais, dicotomia que considerava arbitrária, sendo igualmente importante o conhecimento dos efeitos colaterais na avaliação de um programa. Uma das críticas apresentadas a Scriven, nessa época, foi com relação ao fato de o seu modelo não indicar como seria a operacionalização de uma avaliação *goal-free* (Guba e Lincoln, 1981), permanecendo apenas no nível conceitual. Contudo, apesar disso, o seu modelo teve certo impacto, porque demonstrou a possibilidade de realizar uma avaliação independentemente da fixação de objetivos, o que representou um posicionamento revolucionário à época, porque a avaliação considerava não apenas os efeitos desejáveis (objetivos), mas os efeitos que não tinham sido previamente considerados, o que o afastava bastante do modelo tyleriano. Ainda com relação ao modelo *goal-free* é necessário fixar que, apesar de Scriven associar a avaliação a um julgamento de valor, a proposta apresentada não estabelece como seriam os padrões de julgamento, o que fez com que Scriven, posteriormente, admitisse que a avaliação *goal-free* deveria ser usada como auxiliar e de forma paralela às avaliações orientadas por objetivos.

Um aspecto a esclarecer em relação ao julgamento de valor, proposto por Scriven, é quanto ao seu significado, que muitas vezes é confundido com mérito, palavra usada como sinônimo. Guba e Lincoln (1981) esclarecem o problema, mostrando que o valor associado a um *evaluand* pode ser considerado de duas maneiras bem distintas. Uma, é o valor implícito, inerente, independente de qualquer aplicação, como é o caso das ciências puras. Nessa situação, um valor intrínseco deveria ser referido a mérito, como o fazem Guba e Lincoln (1981). Por outro lado, uma entidade (*evaluand*) pode ter um valor, um contexto de uso ou aplicação, como no caso das ciências aplicadas, em que o valor é determinado pelo contexto, é um valor extrínseco. A diferença fica mais clara quando Scriven se refere ao valor intrínseco como mérito e ao valor extrínseco como *pay-off*, também usado por Cronbach, enquanto Guba e Lincoln usam a palavra *worth* (1981), discutindo amplamente a questão em sua obra *Effective Evaluation* (cap. 3).

A obra de Scriven é considerável e sempre produz alguma forma de impacto na área da avaliação, merecendo uma análise que extrapola os limites de uma simples nota de fim de capítulo. Entretanto, na presente oportunidade, queremos voltar a um problema que aborda no seu ensaio básico – *Methodology of Evaluation* (1967) –, ao discutir o papel do avaliador, assunto a que voltaremos no último capítulo – *Avaliação e o avaliador* –, mas vendo o problema segundo a perspectiva de Stake. Uma questão relevante é proposta por Scriven (1967): uma avaliação deve ser conduzida por um avaliador profissional, treinado na tecnologia da avaliação, ou por um avaliador não-profissional, mas que detém um domínio da área substantiva, podendo ser considerado um *expert*? A posição de Scriven (1967) é no sentido da profissionalização, tendo em vista que a avaliação exige pessoas altamente capacitadas para emitirem juízos de valor. Parece-nos que a solução para a questão deva ter um outro encaminhamento. A pesquisa e a avaliação tornaram-se um campo extremamente complexo, diríamos mesmo que enciclopédico[(1)], sendo humanamente impossível a alguém dominar, com profundidade, todos os campos do saber nessas duas áreas, parecendo-nos, pois, que a melhor solução seja a da formação de uma equipe em que o domínio da tecnologia e o do conhecimento substantivo se completam e, pelo menos teoricamente, anulam suas deficiências.

[2] Antes de voltarmos à questão da avaliação *goal-free* [3], apresentarmos importantes aspectos da avaliação formativa e somativa [4], abordarmos as linhas gerais da meta-avaliação na perspectiva de Scriven [5] e finalizarmos, brevemente, com o problema das ideologias em avaliação [6],

(1) Ver *The International Encyclopedia of Education: research and studies* editada por Torsten Husen e T Neville Postlethwaite. Oxford, Pergamon, 1985, 10 vols. E volumes suplementares publicados pela Pergamon Press (1989 e 1990).

queremos fazer uma ligeira referência a outra idéia importante explorada por Scriven (1967), relativa à avaliação intrínseca.

Scriven, com a expressão avaliação intrínseca, visou a caracterizar uma avaliação de programas e materiais que se concentra mais intensamente na sua natureza intrínseca (inerente, peculiar) do que propriamente nos efeitos que programas e materiais podem provocar. Apesar de oferecer pouca ou quase nenhuma orientação metodológica, como mostra Erault, In: Walberg e Haertel (1990), Scriven procurou mostrar que todas as avaliações se devem concentrar nos objetivos gerais (*goals*), sendo impossível, na sua visão, o empirismo puro.

O componente intrínseco de uma avaliação concentrar-se-ia na análise da consistência dos objetivos e em suas divergências, e, ainda, na análise de seu conteúdo, abrangendo a sua precisão, a sua amplitude e o seu significado. A avaliação intrínseca, mostra Erault (1990), com base em Scriven (1967), seria de especial importância na avaliação formativa, especialmente se realizada por um avaliador externo. Igualmente, poderia ser útil no início de uma avaliação somativa, quando hipóteses são consideradas em função de previsões e da realidade do contexto em que se acha o *evaluand*. Se bem considerarmos, a avaliação intrínseca também poderia ser de utilidade no final de uma avaliação somativa, a partir da análise de pressupostos e objetivos gerais, entre outros aspectos, com vistas, ainda, a orientar os responsáveis pelas decisões, os *decision-makers*. Percebe-se imediatamente, como notou Erault (1990), que é neste último momento que a independência do avaliador é importante, crucial, para a credibilidade externa do avaliador. Infelizmente, as tecnologias que seriam adequadas ainda não foram suficientemente desenvolvidas, salvo, naturalmente, a análise de conteúdo, o mesmo não se passando com aspectos da estrutura metodológica da avaliação formativa de produtos educacionais. A questão da avaliação intrínseca está posta à prova e constitui um desafio para teóricos e praticantes da avaliação.

[3] A perspectiva oferecida por Scriven em seus diferentes trabalhos (1967; 1971; 1972a; 1972b; 1973; 1974, entre outros) – determinação do mérito a partir dos efeitos do programa, sem referência aos seus objetivos – representou uma grande contribuição para a teoria da avaliação, porque atacou problema realmente sério que é o viés gerado no avaliador e, conseqüentemente, em seu trabalho, quando parte do conhecimento prévio dos objetivos que acabam por "orientar" suas ações e decisões. Nessa nova visão (vide, especialmente, os trabalhos de 1972 e 1973), o avaliador não procura fazer uma distinção entre os objetivos antecipadamente propostos e os efeitos colaterais de um programa.

Ao analisar os prós e contras da avaliação *goal-free*, Scriven (1972) chama a atenção para o fato de que a retórica do pretendido – os objetivos – é usada para substituir as possíveis demonstrações de evidências do sucesso de um programa educacional, acrescentando, ainda, que, na maior parte das vezes, os objetivos são limitados e vagos, além de serem superestimados em muitos casos (ou subestimados). A nova visão de Scriven (1971) muda completamente o enfoque da avaliação, que abandona o questionamento sobre o que o programa tenta fazer para um novo posicionamento: – o que o programa está efetivamente fazendo.

É preciso destacar que a avaliação *goal-free* não é um modelo que apresente definições formais, específicas de relações estruturais, orientação para a coleta e análise de dados e nem procedimentos operacionais. Se bem considerarmos, a *goal-free evaluation* é um posicionamento filosófico em relação à avaliação e que deve servir de orientação para o desenvolvimento de todo o seu processo, quando o avaliador, com base em seus conhecimentos e experiência profissional, procura colocar todo o seu empenho para identificar e documentar os efeitos de um programa. Scriven, por intermédio do método *modus operandi*, mostra como o avaliador deve estabelecer as relações causais entre o programa e seus efeitos, identificando todas as causas potenciais dos efeitos observados, como ocorre, por exemplo, numa investigação policial, em que mesmo os elementos supostamente irrelevantes precisam ser considerado. O avaliador, numa avaliação *goal-free*, deve adotar um posicionamento cauteloso, porque sua posição se assemelha à de um pesquisador, por exemplo, em pesquisas científicas, que desconhece quais os doentes submetidos a um placebo, e precisa determinar os efeitos de uma droga que está sendo utilizada para um determinado fim e deve positivar, inclusive, suas influências colaterais.

As críticas à avaliação *goal-free* são várias, destacando-se, em particular o fato de que esse tipo de avaliação simplesmente substitui os objetivos do avaliador pelos do responsável pelo desenvolvimento de um programa. O próprio Scriven (1972) reconhece que a proposta apresenta aspectos favoráveis, mas que, em outros momentos, revela elementos negativos. Assim, apesar de seu interesse teórico, a avaliação *goal-free* não usufrui de uma grande popularidade entre os avaliadores educacionais. Contudo, não podemos deixar de reconhecer, como, aliás, o faz Stechter (In: Walberg e Haertel, 1990), que o pensamento de Scriven teve impacto na prática da avaliação, especialmente por destacar a independência do avaliador que, às vezes, é bastante cerceado nas suas atividades, por ressaltar a importância dos efeitos colaterais de um programa, o que nem sempre é objeto de consideração; e, também, por submeter os próprios objetivos do programa a uma análise aprofundada, ainda que não se utilize dos mesmos objetivos para realizar o seu trabalho investigativo.

[4] As expressões avaliação formativa e avaliação somativa fazem parte do vocabulário dos professores, que muitas vezes ignoram (ou esquecem) que foi graças a Scriven (1967) que ambas surgiram no contexto da avaliação, inicialmente no caso da avaliação de currículo, lembra Lewy, In: Walberg e Haertel, 1990. A sua divulgação somente ocorreu mais tarde, na década de 70, quando Benjamin Bloom e seus associados publicam a obra por muitos considerada como clássica – *Handbook on Formative and Summative Evaluation of Student Learning* (1971) – relacionada com o desempenho escolar, e por Cronbach (1982) com relação a atividades de diferentes programas sociais.

A idéia de avaliação formativa e somativa contribuiu substancialmente para que a concepção de avaliação de programa se alterasse, deixando de ser uma simples comparação entre objetivos de vários programas para a escolha de um único que correspondesse às necessidades do momento. Estudos com esse enfoque nunca permitiram resultados conclusivos, exigindo quase sempre outros estudos mais específicos sobre aspectos particulares dos programas ao longo de seu desenvolvimento (Lewy, 1990), em outras palavras, estudos de avaliação formativa. Estudos comparativos de programas, com a finalidade de continuá-los ou não, passaram a ser um tipo de avaliação no contexto e foram realizados com a intenção de uma avaliação somativa.

Apesar de serem de uso tranqüilo entre professores, o emprego das expressões avaliação somativa e formativa nem sempre é feito com a devida precisão, especialmente quando usadas em relação a diferentes entidades (produtos, processos, pessoal e, sobretudo, a alunos), como um efeito não desejado da grande obra de Bloom et al. (1971), antes referida. Cronbach igualmente, na década de 80, também contribuiu para a divulgação dessas expressões, ao defender a necessidade da reformulação de programas. A partir da publicação da *Metodologia da Avaliação* (1967), de Scriven, a avaliação começa a ser reconhecida como uma atividade fundamental em educação, ganha *status*, digamos, e amplia, com a aplicação dos seus princípios na avaliação de programas, projetos e materiais, o caminho que fora iniciado, na década de 40, por Tyler.

Ante o que foi exposto, podemos dizer que não existe, efetivamente, uma diferença lógica ou metodológica entre avaliação formativa e somativa. Ambas visam à determinar o valor de uma entidade em particular. A diferença existente entre uma e outra está, realmente, no *timing* em que são realizadas, no tipo de audiência a que se destinam e na utilização dos resultados. Lewy (In: Walberg e Haertel, 1990) mostra que um mesmo tipo de estudo avaliativo pode ser considerado formativo ou somativo, tudo dependendo da perspectiva em que se situa quem faz a análise do trabalho.

Cronbach na sua longa discussão sobre planejamento e análise de programas (1982) considera que a avaliação formativa tem um maior impacto e, desse modo, é mais significativa do que a somativa, com o que concordamos. Ainda que a avaliação de um programa possa ser considerada fluida, digamos, por ser a avaliação de algo em progresso, a sua contribuição do ponto de vista educacional é bem maior do que a avaliação de um produto acabado, quando alterações não mais podem ser introduzidas. O mesmo raciocínio aplica-se à avaliação do rendimento escolar, com o objetivo de informar o professor e o aluno sobre o processo de ensino/aprendizagem. Assim, na linha de Cronbach, gostaríamos de reiterar que a avaliação formativa possui uma maior carga de contribuição para a melhoria da aprendizagem do que os resultados de instrumentos de medida aplicados ao término de um curso ou até mesmo de uma simples unidade programática. Isso, entretanto, não significa que se deva ignorar a avaliação somativa, que não deixa de ser imperiosa em diferentes situações.

Apesar da importância da avaliação formativa e somativa, não existe, na realidade, definido pelos teóricos, um conjunto de regras de procedimento para a sua concretização. Queremos, entretanto, destacar os posicionamentos de Bloom et al. (1971) e de Stake (In: Hamilton D. (Ed.), 1978). Ao considerar a avaliação do rendimento escolar, Bloom destacou a necessidade, na avaliação formativa, de analisar o material instrucional, mapear e hierarquizar as estruturas das várias tarefas relacionadas à aprendizagem, e de aplicar instrumentos de medida periodicamente, entre curtos intervalos, na orientação da aprendizagem. Uma amostra dos itens da avaliação formativa deve integrar a avaliação somativa, ao fim do curso, com o objetivo de atribuir escores ou conceitos aos diferentes desempenhos. Stake, por sua vez, procura caracterizar as diferentes informações coletadas em situação de avaliação formativa ou somativa. A avaliação formativa seria uma análise molecular, pesquisando causas e fixando-se nas experiências dos usuários de um programa; a avaliação somativa seria uma análise molar, porque forneceria informações descritivas, estaria interessada em ressaltar a eficiência de programas, e tenderia a dar maior destaque aos seus efeitos locais.

A diferença entre avaliação formativa e somativa teve (e tem) importante papel na avaliação educacional, especialmente em termos de aprimoramento dos planos educacionais, ainda que se façam necessárias pesquisas sobre o assunto para dirimir controvérsias relacionadas ao seu uso na tomada de decisões e no que se refere a seus aspectos metodológicos.

[5] Outra grande contribuição de Scriven (In: Taylor et al., 1972), assim como do próprio Stufflebeam, entre outros, foi o destaque oferecido à importância de diferentes atividades com o fim específico de determinar a qualidade científica dos estudos avaliativos e de suas conclusões. Ou seja, empreender uma avaliação da avaliação, que pode ser sintetizada em realizar uma meta-avaliação.

A meta-avaliação tem como um de seus objetivos identificar vieses de diferentes tipos que possam existir em uma avaliação, usando, para esse fim, diferentes metodologias para, além da importância desses vieses, determinar os seus efeitos sobre a avaliação. A meta-avaliação pode usar, inclusive, metodologias estatísticas, ainda que a elas não deva ficar restrita, pois os vieses muitas vezes podem resultar – e é importante que levemos em consideração esse aspecto – de simplificações ou interpretações errôneas dos resultados, ou até mesmo da falta de compreensão do valor relativo de aspectos da avaliação, como mostram Straw e Cook, In: Walberg e Haertel (1990).

É necessário que tenhamos presente em nosso espírito que nenhuma avaliação é definitiva, assim como nenhum relatório deve ser considerado em termos absolutos. Ainda que, tecnicamente, a avaliação possa ser bem estruturada em termos de metodologia, poderá revelar deficiências ao serem discutidas as suas conclusões e consideradas as suas implicações. Uma avaliação, desse modo, deve ser meta-avaliada sob diferentes pontos de vista e por grupos diferenciados de analistas, oferecendo-se, assim, às várias audiências, uma síntese multi-facetada, a partir de diferentes perspectivas, que apontarão o relevante e o irrelevante em uma avaliação, quando vista a partir de várias óticas.

[6] As várias áreas do conhecimento, especialmente as de estruturação mais recente, como é o caso da avaliação, estão sujeitas a disputas de natureza ideológica. A avaliação faz uso de diferentes modelos, frutos de concepções as mais diversas, e enfrenta complexos problemas metodológicos difíceis de um consenso. Tudo isso traduz a intensa fermentação que existe em seu campo de atuação, o que é um sintoma bastante positivo, conforme Scriven (1973). As áreas de conhecimento, por força do impacto dessas ideologias, acabam apresentando vieses os mais variados, que terminam por gerar desfigurações, o que ocorre com freqüência na avaliação.

Usando a caracterização de Scriven (In: Madaus et al., 1993), vemos que uma delas é a ideologia separatista, que reflete uma falsa dicotomia avaliador/avaliado. Talvez, conforme Scriven, e grande é o seu acerto, no seu início histórico, se pudesse pensar separadamente nessas duas figuras, traduzidas por eu sou o avaliador e você é o avaliado. Após a definição de novas formas de avaliação, essa falsa dualidade, se alguma vez existiu, não pode ser aceita, porque, na verdade, o avaliador avalia e simultaneamente é avaliado pelo sujeito da avaliação. A separação decorreria de uma reação fóbica, no dizer de Scriven (1993), que estaria associada à questão do valor, do mérito, que é central na conceituação de avaliação por Scriven. Todos temos um certo temor da avaliação, inclusive o próprio avaliador, especialmente quando tem certeza de que ele próprio está sendo avaliado. A tensão social a que é submetido o avaliador acaba por fazer com que ele se incorpore ao grupo avaliado e não se aperceba dos problemas apresentados no objeto avaliado. O avaliador, que se deveria conservar à margem do objeto avaliado, incorpora-se e passa a ser um nativo integrante do grupo avaliado. O separatismo inicial e a agregação ao grupo acabam por gerar distorções em todo o processo da avaliação, introduzindo vieses nos julgamentos de valor dos programas educacionais. A questão, entretanto, não está apenas na separação e nem apenas na necessidade de afiliar-se ao grupo que elaborou o programa; o problema está em conseguir objetividade, que é um ideal a ser alcançado em avaliação e faz parte da estrutura de um profissional consciente, no dizer de Scriven (1993).

A avaliação surge e se desenvolve tendo como cenário de fundo a discussão filosófica sobre o conflito entre positivismo e idealismo, a controvérsia entre objetividade e subjetividade. As divergências ainda não foram inteiramente superadas em certas áreas, como lembra Scriven (1993), que exemplifica com a possibilidade de objetividade na ética e em outras áreas de pesquisa de valor, como é o caso da avaliação.

Scriven (1993), ao analisar a ideologia do positivismo em avaliação, acha estranho, até mesmo bizarro, para usar sua palavra, que, sendo o trabalho científico altamente avaliativo e objetivo nas suas análises, a ciência no século XX seja apresentada como value-free, independa da consideração de valor. O posicionamento de Scriven é perfeitamente justificável tendo em vista que a sua metodologia de avaliação está centrada na determinação do valor. Por isso, Scriven mostra a contradição daqueles que declaram não ser possível nenhum julgamento avaliativo com objetividade científica, e, ao mesmo tempo, avaliam alunos, programas e outros mais. Há, assim, dois posicionamentos conflitivos – um, profissional/científico, que nega a objetividade em avaliação; outro, pedagógico, que aceita a avaliação. A ideologia do positivismo, diz Scriven (1993) com certa e justificável ironia, é o caso típico de uma ideologia gerada para reduzir ansiedades "valorfóbicas".

A influência da ideologia gerencial é vista por Scriven segundo a perspectiva norte-americana, que oferece um quadro bastante diferente do brasileiro; contudo, reconheçamos, algumas idéias se ajustam perfeitamente ao quadro nacional. Partamos da indagação de Scriven: – quem realiza as grandes avaliações? Geralmente são de iniciativa de órgãos oficiais (federais, estaduais e municipais), que produzem avaliações internas, cujos resultados sofrem a influência do pecado original e, conseqüentemente, procuram apresentar resultados suavizados da sua própria realidade e, é claro, contaminados por esse enviesamento. Outras vezes, as avaliações são externas, no todo ou em parte, e nesse caso também há um certo comprometimento, pois resultados demasiadamente críticos podem comprometer futuras contratações de novos projetos de avaliação, diz Scriven (1993), candidamente. A avaliação sofre muitas vezes pressões bastante acentuadas, ainda que não diretas e ostensivas, mas que acabam por contaminar todo o sistema de avaliação. A avaliação na ótica da ideologia gerencial é bem sucedida na medida em que os objetivos do programa foram identificados e concretizados, o que nem sempre é do interesse do consumidor da avaliação, mais interessados nos efeitos diretos ou colaterais do programa. A visão gerencial centra-se na obtenção do sucesso em atingir a esse objetivo (plano de aula; plano de curso), muitas vezes via um ensino comprometido. Ambas as ideologias – a positivista e a gerencial – se assemelham, acentua Scriven (1993), na medida em que se recusam, terminantemente, a proferir juízos de valor.

Tudo isso evidencia a extrema complexidade do ato de avaliar.

CAPÍTULO 5

AVALIAÇÃO E DECISÃO: DANIEL L. STUFFLEBEAM

5.1 Introdução

O modelo da avaliação educacional estruturado por Stufflebeam, Guba, Hammond, Provus, entre outros, (1971) resulta da proveitosa experiência que tiveram na década de 60, quando enfrentaram a tarefa de avaliar o sistema público de ensino elementar e secundário das escolas do distrito de Columbus, Ohio, nos Estados Unidos. A idéia nuclear do modelo centra-se no dimensionamento da avaliação com o objetivo de permitir tomada de decisões. Houve um posicionamento favorável a essa colocação, que passou a influenciar especialistas de diferentes países, inclusive na Inglaterra (Norris, 1993), como se pode verificar mesmo em críticos das metodologias de avaliação norte-americanas, alguns bem ácidos, a exemplo de Parlett e Hamilton (1972). As repercussões das idéias de Stufflebeam e seus companheiros foram bastante tímidas no Brasil, limitando-se a alguns poucos círculos acadêmicos [1].

5.2 Concepção do modelo e definição

Ao conceberem o modelo, que ficou conhecido pelo anagrama CIPP – contexto, *input* (insumo), processo e produto –, Stufflebeam et al. (1971) deram-lhe um caráter analítico e racional, abrangendo diversos momentos: Planejamento das decisões; Estruturação das decisões; Implementação das decisões e Reciclagem das decisões; havendo para cada um desses momentos, respectivamente, uma forma específica de avaliação: (1) –

avaliação do contexto; (2) – avaliação dos insumos (*input*); (3) – avaliação do processo e, finalmente, (4) – avaliação do produto. Verificamos, pois, que para Stufflebeam et al. a cada tipo de decisão corresponde um tipo de avaliação. É necessário ressaltar que a abordagem apresenta a avaliação segundo o papel que desempenha em um sistema de mudança social planejada. É a avaliação para melhorar e não para provar, conforme Stufflebeam et al. dizem no início do seu trabalho (1971).

O ponto central do modelo de Stufflebeam et al. (1971) é a própria definição que apresentam de avaliação, como um processo para descrever, obter e proporcionar informação útil para julgar decisões alternativas. Analisando-se esta definição, observa-se que destaca três elementos que são da maior importância para a compreensão do modelo que foi proposto:

1. A avaliação é um processo sistemático, contínuo.
2. O processo de avaliação pressupõe três momentos da maior importância:
   2.1 – esboçar as questões a serem respondidas,
   2.2 – obter informações que sejam relevantes para responder às questões propostas;
   2.3 – proporcionar aos responsáveis pela tomada de decisões todas as informações necessárias.
3. A avaliação serve para a tomada de decisões.

Rose e Nyre (1977) mostram que o modelo CIPP desenvolvido por Stufflebeam et al. procura responder basicamente a quatro importantes indagações:

1. Quais os objetivos que devem ser concretizados?
2. Quais os procedimentos a adotar para realizar os objetivos?
3. Os procedimentos estabelecidos funcionam com a devida propriedade?
4. Os objetivos estão sendo realmente alcançados?

5.3 Tipos de decisão e tipos de avaliação

O modelo CIPP gira em torno da tomada de decisão e procura, desse modo, estabelecer quatro tipos de situações de decisão em educação, distinguindo-os dos quatro correspondentes tipos de decisão, além dos quatro tipos de avaliação (contexto, insumo, processo e produto). As situações de decisão são uma conseqüência direta da própria definição de avaliação, isto é, a abrangência de uma avaliação e o seu rigor são em grande parte determinados pela importância da decisão a ser tomada. Por sua vez, a importância da decisão está ligada ao significado da mudança que se pretende introduzir. Alguns tipos de decisão exigem avaliações de maior complexidade e realizadas dentro do maior rigor; desse modo, seus custos são elevados; outras, porém, que têm um menor impacto, não demandam a realização de avaliações com grande detalhamento [2].

A consideração da disponibilidade de informação e a capacidade da pessoa responsável pela decisão de usá-la é outro aspecto a considerar em situações de tomada de decisão. Quando há poucas informações disponíveis ou quando o responsável pela decisão não usa as informações da forma como as mesmas se encontram no momento, a avaliação deve, necessariamente, ter uma maior abrangência. Os dois fatores – significância das mudanças pretendidas e a disponibilidade de informações, assim como a capacidade de usá-las pelo responsável por tomar a decisão – quando cruzados, geram novas situações, entre outras as chamadas pequenas *versus* grandes mudanças, conforme Stufflebeam et al. (1971). A distinção entre pequena e grande mudança está na intensidade da controvérsia provocada pela mudança; assim, quanto mais controvérsia provocar, maior ou mais importância terá a mudança. As maiores mudanças geralmente demandam uma maior reestruturação do sistema. As pequenas mudanças, contrariamente, não têm um impacto maior sobre o que a sociedade considera importante, assim, suas conseqüências são menores e praticamente não provocam maiores conseqüências. Esclarecendo a questão, a mudança de um livro didático no início do ano letivo é um exemplo bastante típico de pequenas mudanças, pois não costumam provocar controvérsias; alterações curriculares, sobretudo se tratando de inovações, demandam maiores informações para fundamentar uma decisão, segundo a exemplificação de Stufflebeam et al. (1971).

O modelo de Stufflebeam et al. (1971) apresenta situações de decisão com denominações especiais: homeostática, incremental, neomobilística e metamórfica, referindo-se cada uma delas a uma mudança pretendida[1]. Decisões homeostáticas têm como objetivo a manutenção do *status*

1 Stufflebeam et al (1971) usam vocábulos de outras áreas do conhecimento, como a biologia, a economia, a informática etc, o que demandou a elaboração de um glossário (p. 353/355), que foi utilizado no presente capítulo.

quo. A maioria das decisões em educação é homeostática. As decisões incrementais referem-se a atividades de desenvolvimento, sobretudo as que constituem parte de um *continuum* de inovações. Ao contrário do que julgam Stufflebeam e associados, muitas inovações em educação são atividades incrementais, visam algum tipo de melhoria sem que isso represente um risco de contestação, sem criar espírito de revolta. As decisões neomobilísticas denotam atividades grandes e inovadoras, que são desenvolvidas com a finalidade expressa de solucionar grandes problemas. Uma programação educacional a longo prazo demanda decisões neomobilísticas. Finalmente, as decisões metamórficas visam a produzir mudanças completas e radicais, em um sistema educacional, sendo as idéias de Ivan Illich – *deschooling society* – um exemplo característico, na visão de Rose e Nyre (1977). Obviamente, as decisões metamórficas são inteiramente assintóticas, utópicas, e a probabilidade de implementá-las praticamente nula.

Há em cada uma dessas situações de decisão um número considerável de decisões educacionais que, segundo Stufflebeam et al. (1971), podem ser classificadas como:

1. decisões de planejamento para determinar os objetivos;
2. decisões estruturais para planejar os procedimentos e alcançar os objetivos;
3. decisões de implementação para examinar e reformular os procedimentos, se for o caso;
4. decisões de reciclagem para julgar e tomar posição em relação aos resultados dos objetivos.

A cada tipo de decisão corresponde, naturalmente, um dos quatro tipos de avaliação – CIPP –, conforme a discussão que segue.

5.4 Avaliação do contexto

A avaliação do contexto é o tipo geralmente mais usado em avaliação, sendo seu objetivo estabelecer necessidades, especificar população/amostra de indivíduos a considerar, e estabelecer os objetivos que devem concretizar as necessidades. É um tipo de avaliação que serve para o planejamento das decisões. Os procedimentos para a avaliação do contexto compreendem, especialmente:

1. definição e descrição do ambiente em que as mudanças ocorrerão;
2. identificação das necessidades e dos recursos disponíveis;

3. identificação de problemas e deficiências em relação às necessidades;
4. predição de futuras deficiências, levando em consideração o desejável, o possível e os resultados prováveis.

A avaliação do contexto proporciona elementos que servirão para justificar um determinado programa; desse modo, ainda segundo Stufflebeam et al. (1971), a avaliação do contexto procura dar respostas às seguintes indagações:

1. quais as necessidades não concretizadas que existem no contexto e que não são atendidas por uma determinada instituição?
2. quais os objetivos que devem ser alcançados para atender a essas necessidades?
3. quais os objetivos que devem receber apoio específico da comunidade?
4. qual o conjunto de objetivos com maiores possibilidades de concretização?

A análise das discrepâncias entre os objetivos da instituição (escola) e o desempenho dos alunos vai possibilitar a identificação das necessidades que não foram concretizadas, sendo preciso analisar as condições responsáveis pelas diferenças refletidas nas discrepâncias, com a finalidade de caracterizar os objetivos que devem ser alcançados. A consulta à comunidade, por sua vez, poderá dizer qual será a sua reação aos objetivos e qual o apoio que dará à avaliação. A factibilidade de muitos objetivos implica levantar custos e recursos disponíveis. A avaliação do contexto, assim, segundo os ensinamentos de Stufflebeam et al., além de contribuir para decisões relacionadas ao meio, possibilita, ainda, analisar o inter-relacionamento das várias partes do programa.

5.5 Avaliação de insumos

A avaliação de insumos procura estabelecer como usar os recursos para alcançar os objetivos definidos pelo programa. O seu produto final é o planejamento de procedimentos alternativos ou estratégias, considerando o potencial de custos-benefícios. No caso da avaliação dos insumos, que objetiva a estruturação de decisões, Stufflebeam et al. (1971) apresentam cinco indagações a serem respondidas:

1. a estratégia do projeto possibilita uma resposta lógica a um conjunto de objetivos específicos?

2. uma determinada estratégia obedece a todos os requisitos legais?
3. quais as estratégias já existentes e que são potencialmente importantes para realizar os objetivos pré-determinados?
4. quais os procedimentos específicos e o tempo (cronograma) necessários para implementar uma certa estratégia?
5. quais as características operacionais e os efeitos das diferentes estratégias que estão sendo consideradas?

A avaliação dos insumos resulta na especificação de materiais, procedimentos, cronograma de realização, condições materiais, pessoal, orçamento; enfim, oferece todos os elementos necessários à concretização dos objetivos.

5.6 Avaliação de processo

A avaliação do processo, destinada à implementação de decisões, realimenta, periódica e continuamente, os responsáveis pelo programa em todas as fases do desenvolvimento dos projetos desde o seu início. O seu objetivo é detectar deficiências de planejamento ou implementação, e monitorar vários aspectos do projeto, a fim de identificar e corrigir possíveis problemas. A avaliação do processo, mostra Stufflebeam et al. (1971), do mesmo modo que a avaliação formativa, promove o levantamento freqüente de informações e apresenta relatórios aos responsáveis pelo projeto com a finalidade de garantir o prosseguimento dos trabalhos. Stufflebeam et al. (1971) sugerem algumas perguntas para a avaliação do processo:

1. o projeto está seguindo o cronograma?
2. o *staff* precisa ser retreinado ou reorientado antes do término da presente fase do projeto?
3. as instalações e os materiais estão sendo usados adequada e apropriadamente?
4. quais os principais obstáculos a serem vencidos na atual fase do projeto?

A avaliação do processo, além de permitir o aprimoramento do programa de avaliação, possibilita, também, o registro de informações úteis para análises posteriores do programa em desenvolvimento ou de futuros programas.

5.7 Avaliação do produto

A avaliação do produto mede e interpreta os resultados obtidos em certos momentos pré-definidos do programa e ao seu término. É uma avaliação destinada a servir à reciclagem das decisões. Este tipo de avaliação procura, de acordo com Stufflebeam et al.,:

1. identificar conseqüências e discrepâncias entre os objetivos pretendidos e os que foram realmente alcançados;
2. identificar os resultados não pretendidos, mas desejáveis, e outros que ocorram;
3. reciclar o programa para poder concretizar os objetivos que não foram alcançados;
4. dar informações ao responsável pela tomada de decisão quanto ao futuro do programa, sua continuação, término, modificações na sua estrutura etc.

A avaliação do produto, em síntese, determina discrepâncias entre o pretendido e o real, e analisa os fatores determinantes dessa diferença.

5.8 Modelo CIPP – procedimentos

O modelo de Stufflebeam et al. (1971) procura orientar o avaliador, na medida do possível. Apesar de não esclarecer maiores detalhes sobre o planejamento de cada tipo de avaliação (CIPP), oferece, entretanto, um *checklist* de procedimentos que são aplicáveis aos quatro tipos de avaliação:

1. enfocar a avaliação, identificando e definindo as situações de decisão com os objetivos da avaliação, as situações a serem conduzidas e a política a usar na sua operacionalização;
2. planejar a coleta de dados;
3. planejar a organização dos dados;
4. planejar a análise dos dados;
5. especificar a audiência a que serão destinados os relatórios, planejar sua formatação e cronograma;
6. administrar a avaliação desenvolvendo um plano geral da execução do planejamento[2].

2 Os diversos passos para cada uma das fases do planejamento de uma avaliação foram detalhados por Stufflebeam, e são apresentados de forma resumida em um texto extraído de *Evaluation as enlightenment for decision making*, publicado em Worthen e Sanders (1973) – *Educational Evaluation: Theory and Practice*. Belmont, CA Wadsworth.

5.9 Abordagens alternativas

Stufflebeam (1974), ao discutir abordagens alternativas em avaliação educacional, estabeleceu uma diferença entre avaliação para tomada de decisão e avaliação relacionada à responsabilidade educacional (*accountability*). A primeira é proativa, semelhante na sua conceituação e na sua prática, à avaliação formativa. A avaliação relacionada à *accountability* é retroativa e tem um papel somativo. Se bem considerarmos o modelo CIPP, verificamos que os quatro tipos de avaliação – contexto, insumo, processo e produto – são formativos quando oferecem informações que possibilitam o aprimoramento do programa, sendo somativos no caso das informações estarem relacionadas ao futuro do programa.

Stufflebeam preocupou-se em deixar bastante claro os propósitos da avaliação, ressaltando que somente através de um processo que identifique suas necessidades, selecione as melhores estratégias, monitore as mudanças desejadas e meça o impacto dessas mudanças é possível evitar as distorções que podem invalidar todo um programa com vistas à promoção de mudanças na escola. A avaliação é a chave mestra desse processo, como bem destacou.

A questão da relação pesquisa e avaliação não poderia deixar de ser abordada por Stufflebeam, que, como outros, apresenta uma classificação dos vários tipos de avaliação. Vendo-se esses vários tipos de esquemas que mostram semelhanças e diferenças, como foi discutido anteriormente, nota-se que existe um traço comum entre pesquisa e avaliação, que é a obtenção de conhecimento para a compreensão dos fenômenos educacionais e a solução de seus problemas.

A proliferação de concepções para a realização de estudos avaliativos também foi considerada por Stufflebeam e outros atuantes na área, como, por exemplo, Cronbach, Stake, Popham, Guba e House. Foi um esforço visando a evitar a instalação de um caos, mas ficou bastante claro, na elaboração desses esquemas taxonômicos, que a avaliação é uma atividade com múltiplos aspectos, a ser usada em diversos momentos do processo educacional e que o mesmo modelo pode ser classificado de diversas maneiras, dependendo, naturalmente, da ênfase que lhe é dada.

A análise da obra de Stufflebeam mostra a sua constante preocupação com as necessidades de uma definição apropriada de uma metodologia para cada um dos casos da avaliação educacional . Por outro lado, considera, em diferentes momentos, a importância do planejamento da coleta de dados, que nem sempre é feita de forma adequada, prejudicando , forçosamente, a tomada de decisões e o aprimoramento da educação. Lembremos o pensamento que apresenta na página inicial de seu livro básico (1971): *The Purpose of Evaluation is Not to Prove, But to Improve*. Realmente, a avaliação não visa a provar, mas sim a melhorar a educação.

Stufflebeam em diferentes momentos dos seus vários escritos apresenta uma séria preocupação com os problemas éticos envolvidos em uma avaliação e com a necessidade de um programa de pesquisas sobre as avaliações realizadas. Apesar de preocupar-se com ocorrências do contexto americano, acreditamos que essas preocupações sejam igualmente válidas para outros ambientes educacionais, inclusive o brasileiro. Seguindo esta linha de pensamento, é fundamental para os que se dedicam à avaliação uma certa familiaridade com os Padrões para Avaliações de Programas, Projetos e Materiais Educacionais, que não é obra exclusiva de Stufflebeam, pois foi elaborada por um amplo comitê de educadores, por ele presidido, na qualidade de representante do *National Council on Measurement in Education* (NCME) [3].

5.10 Padrões de Avaliação

Os Padrões para Avaliação de Programas, Projetos e Materiais Educacionais[3] surgiram como decorrência de uma sugestão que fora feita pelos *Standards for Educational and Psychological Tests* (1974), envolvendo um grande número de pessoas e vários anos de árduo trabalho cooperativo, em que importantes organizações científicas norte-americanas se fizeram representar. O trabalho resultante somente foi divulgado após amplo processo de revisão crítica.

O desenvolvimento desse projeto, como seria previsível, demandou a superação de diversos pontos controversos relacionados com o seu conteúdo, a sua formatação e a experimentação a que deveria ser submetido, antes de sua divulgação na sociedade educacional. O grupo de cientistas, inicialmente formado por especialistas ligados a grandes instituições e centros de pesquisa, foi, depois, acrescido de outros elementos, incluindo diretores e superintendentes de escola, estatísticos, psicometristas, avaliadores, psicólogos, especialistas em currículo e professores, além de teóricos da educação e membros de diferentes conselhos escolares. Essa

3 *Standards for Evaluations of Educational Programs, Projects and Materials*. New York. McGraw-Hill Book Co. 1981

heterogeneidade veio a constituir-se em um elemento extremamente positivo, dando inclusive força política ao grupo junto a diferentes segmentos da sociedade.

A elaboração de Padrões para Avaliação era uma imposição geral, tendo em vista abusos cometidos e que foram denunciados por G. Madaus, conforme acentuaram Ridings e Stufflebeam (1981). Além disso, prestigiosas instituições, como a *American Educational Research Association* (AERA), a *American Psychological Association* (APA) e o *National Council on Measurement in Education* (NCME) consideravam imprescindível e inadiável a definição de marcos orientadores para a prática de avaliações, ainda que plenamente conscientes da natureza bastante controversa do assunto, sujeito a ser analisado sob diferentes perspectivas, com a apresentação de pontos de vista muitas vezes irredutivelmente conflitivos [4].

As pessoas envolvidas com o problema, no contexto da sociedade norte-americana, apresentavam uma certa concordância quanto aos benefícios que adviriam da definição de padrões, como resumem Ridings e Stufflebeam (1981):

- linguagem comum que facilitaria a comunicação e a colaboração entre avaliadores;
- existência de um conjunto de princípios gerais que possibilitaria a manipulação de grande variedade de problemas ligados à avaliação;
- possibilidade de ter um quadro referencial de conceitos que permitiria estudar as questões de avaliação;
- estabelecimento de definições que orientariam pesquisas e o desenvolvimento de avaliações;
- bases para definir e caracterizar as questões relacionadas ao problema da responsabilidade educacional;
- possibilidade de apresentar uma descrição do estado da arte em avaliação;
- geração de um espírito de credibilidade do público em relação às avaliações a serem realizadas e disseminadas.

A memória do projeto revela que o seu processo de desenvolvimento foi consideravelmente longo, pois o grupo responsável buscou envolver diferentes elementos, conforme assinalamos anteriormente, procurou testar em campo a factibilidade dos vários elementos desenvolvidos, e, através de discussões e debates com a comunidade científica, esforçou-se para ouvir diferentes correntes de pensamento, inclusive as que tinham posições divergentes, a fim de esclarecer e solucionar os problemas surgidos, mostrando, inclusive, os limites do trabalho que estavam empreendendo, bastando, para esse fim, atentar para o próprio título do projeto: – avaliação de programas, projetos e materiais educacionais. A questão do uso da própria palavra padrões foi esclarecida pelo grupo para evitar que alguém pudesse interpretá-la como um conjunto de regras puramente mecânicas ou níveis de desempenho. A visão do grupo era a de que os padrões fossem princípios amplamente compartilhados entre os especialistas na área e que serviriam para determinar a qualidade de uma avaliação, como, inclusive, destacaram Ridings e Stufflebeam (1981). Os padrões definidos ficariam, assim, na visão do grupo responsável por sua elaboração, restritos ao campo da avaliação, ainda que, eventualmente, pudessem ser aplicados em outras áreas, como a da saúde, por exemplo, o que depois veio efetivamente a ocorrer.

A elaboração dos padrões levou em consideração os atributos de uma avaliação: A) utilidade, B) praticabilidade, C) propriedade e D) precisão. Os padrões de utilidade pretendem assegurar que uma avaliação satisfaça as necessidades de informações práticas de determinados públicos. Os padrões de praticabilidade buscam garantir que a avaliação seja realista, realizada com a devida prudência e economia. Os padrões de propriedade visam a fazer com que a avaliação seja conduzida de acordo com as normas legais e éticas, além de levar em conta o devido bem-estar dos envolvidos na avaliação e dos afetados por seus resultados. Os padrões de precisão procuram fazer com que uma avaliação revele e transmita informações tecnicamente adequadas sobre as características do objeto estudado e que determinem seu mérito ou valor. O conjunto dos padrões, reunidos em quatro grupamentos, de acordo com os atributos de uma avaliação adequadamente conduzida deixa evidenciada a sua importância na meta-avaliação. (Vide *Standards for Evaluation of Educational Programs, Projects and Materials*, 1981).

Os Padrões de Avaliação, desenvolvidos no período de 1976 a 1980, refletem, como acentuam Ridings e Stufflebeam (1981), a preocupação da avaliação educacional, especialmente a partir do final dos anos 60, década em que houve grande intensificação das suas atividades, sobretudo no contexto norte-americano, quando começou a surgir, então, da parte de alguns segmentos, o interesse de verificar se as avaliações de programa realizadas eram responsivas às necessidades da comunidade.

Viu-se, assim, no conjunto de padrões relativos à utilidade, que o avaliador não pode desconhecer os destinatários do seu trabalho, deve dar as informações que lhes são necessárias e apresentar os resultados com elementos relevantes para atender às expectativas e às necessidades dos que vão utilizar os resultados da avaliação. O conjunto relativo à praticabilidade mostra que a avaliação deve considerar a questão do custo/benefício, pois uma avaliação pode ter um custo considerável e oferecer, ao final, resultados pouco significativos, que não justificam o empreendimento. A avaliação deve, ainda, em função desses padrões, ser planejada para ser realizada no contexto natural, em tempo dimensionado com precisão e usando um grupo técnico estritamente necessário, ou seja, a avaliação tem que ser realista, prudente, politicamente viável e realizada com parcimônia financeira.

Os padrões relacionados à propriedade mostram que a avaliação apresenta efeitos que vão afetar diferentes pessoas – administradores, professores, alunos e pais – de diferentes maneiras; desse modo, deve ser preocupação do avaliador não violar os direitos dessas pessoas, antes precisa ter em mente estratégias que protejam esses direitos; por conseguinte, a avaliação deve ser conduzida levando em conta os preceitos legais e éticos que asseguram os direitos dos que estão envolvidos no processo e dos que são afetados por seus efeitos, destacam com bastante propriedade Ridings e Stufflebeam (1981).

Será que as informações geradas pela avaliação revestem-se realmente de importância? Foram obtidas de acordo com os procedimentos técnicos? Os dados oferecidos permitem conclusões relevantes, que respondem às necessidades que levaram à avaliação? Os padrões relacionados à precisão constituem o conjunto mais numeroso, pois, basicamente, traduzem a preocupação maior do avaliador, relacionada com a validade de todo o processo de avaliação.

Os padrões foram apresentados de maneira simples e sem usar jargão técnico que pudesse dificultar o seu entendimento e a sua aplicação. Ainda que os responsáveis por sua elaboração acreditem que sejam aplicáveis a todas as avaliações, devemos, entretanto, observar que, dependendo dos aspectos a serem objeto de consideração na meta-avaliação, alguns aspectos são mais relevantes do que outros, ou seja, os Padrões possuem uma importância relativa na análise de uma avaliação. Precisamos considerar, também, que esses Padrões somente serão úteis na medida em que a aplicação implicará melhoria da qualidade do trabalho de avaliação.

Alguns outros pontos devem ser considerados, destacando-se inicialmente, o fato de que, apesar dos esforços, os Padrões não visaram a perfeição. A sua aplicação faz-se necessária para identificar os pontos que precisam reparos e as revisões que devem ser feitas, como reconhecem seus próprios elaboradores, sem o que a sua qualidade não será aprimorada. Além disso, é necessário, também, que esses padrões sejam objeto de discussões entre os avaliadores e eliminado o comportamento habitual, o de ser a avaliação um trabalho solitário, da parte do avaliador, e isolado, sem uma discussão mais aprofundada com a comunidade educacional.

É preciso considerar, também, que esses Padrões pressupõem da parte dos avaliadores, aspirantes ao seu uso[4] e aplicação, um treinamento, com a participação de quem já vivenciou o problema e enfrentou, assim, as dificuldades que costumam oferecer aos que estão realizando uma avaliação de avaliações.

A partir desses Padrões, algumas pesquisas ainda se fazem necessárias sobre questões relevantes ligadas à sua própria natureza, destacando-se, entre outras, pesquisas que determinem a sua validade em relação ao aprimoramento das avaliações; comprovem a importância efetiva de seu uso na decisão de avaliar e em aspectos do seu planejamento, entre outros; e mostrem que, apesar de seus custos, existem benefícios que justifiquem o seu emprego, como, por exemplo, o aumento da credibilidade e da fidedignidade das avaliações. Estas e outras pesquisas, como explicitam Ridings e Stufflebeam (1981), podem contribuir para a revisão e atualização dos Padrões, que, indiscutivelmente, são de grande utilidade para os avaliadores, os quais, lamentavelmente, no nosso contexto, e também em outros, continuam a ignorá-los.

5.11 NOTAS E COMENTÁRIOS

[1] O modelo CIPP, proposto por Stufflebeam e sua equipe no final dos anos 60, representa uma alternativa para as idéias sobre avaliação que existiam àquela época, que, no geral, tinham como características os seguintes aspectos: orientação por objetivos; uso de instrumentos de medi-

4 Ver exemplo de sua aplicação em Worthen e Sanders (1987).

da e emprego de um design experimental. Os conceitos apresentados por Stufflebeam (1969) e, especialmente, as metodologias oferecidas por Scriven (1967) e Stake (1967), dão novas dimensões à avaliação educacional.

A metodologia apresentada por Stufflebeam et al. (1971) parte do princípio de que *"The most importante purpose of program evaluation is not prove but to improve"*. Aprimorar e não provar é o ponto central do modelo CIPP. A fim de compreender o processo de desenvolvimento do modelo CIPP, precisamos considerar alguns aspectos do contexto em que ele surgiu, como já o fizemos anteriormente ao nos referirmos à evolução da avaliação. A lei que definiu a educação compulsória nos Estados Unidos (1965) – *Elementary and Secondary Education Act* (ESEA) – estabeleceu que todos os projetos financiados por órgãos federais deveriam ser obrigatoriamente avaliados, o que gerou uma crise, tendo em vista que os educadores não tinham experiência em planejamento e realização de projetos de avaliação (Stufflebeam, In: Madaus et al., 1993), o que vem ocorrendo atualmente no Brasil, na década de 90, em que se observa um *boom* de avaliações nem sempre bem planejadas e implementadas.

Além da falta de treinamento e experiência, ficou patente que não existiam modelos que atendessem às necessidades dos novos projetos. Centros educacionais propõem diferentes modelos, inclusive o *Ohio State University Evaluation Center*, onde vai ser desenvolvida a versão inicial do modelo CIPP. O Centro foi contratado para avaliar as escolas públicas de Columbus, Ohio. A avaliação inicialmente proposta foi a tradicional, seguindo as idéias apresentadas por Tyler no seu magnífico artigo – *General Statement on Evaluation* (Tyler, 1942) –, que vai influenciar a avaliação norte-americana por mais de 30 anos e que ainda hoje se reveste de grande atualidade, sendo lamentável que alguns segmentos da atual geração de avaliadores, no contexto brasileiro, não leiam e não possam, assim, meditar sobre a problemática da avaliação, a partir dos pressupostos de Tyler.

Stufflebeam e sua equipe logo descobriram que o modelo não seria adequado para avaliar os diversos projetos do sistema público de ensino de Columbus (Stufflebeam, In: Madaus et al., 1993), entre outras razões, por que os objetivos definidos, escritos por consultores educacionais e administradores, que tinham uma experiência bastante limitada da rede de ensino, não refletiam a realidade vivenciada pelos estudantes. Além da falta de adequação dos instrumentos (testes), o enfoque tyleriano somente permitiria ter os relatórios conclusivos no final de cada projeto, o que não correspondia à expectativa da comunidade educacional.

Algumas providências foram imediatamente tomadas, iniciando-se pela definição de avaliação, considerada como a congruência entre desempenhos e objetivos (Tyler, 1942), e que passa a ter um novo enfoque, com a redefinição em termos de um processo destinado a fornecer informações úteis para a tomada de decisões (Stufflebeam, 1969), definição esta que foi rapidamente assimilada pelo mundo da avaliação norte-americana e por outros contextos educacionais, sendo que no caso brasileiro a aceitação é meramente formal, teórica. Tendo associado avaliação à tomada de decisões, Stufflebeam e sua equipe preocuparam-se em identificar os principais tipos de decisão que deveriam tomar e, a partir desse ponto, estabelecer as estratégias mais adequadas, o que constitui o ponto focal do seu sistema.

Inicialmente foram enfocadas as decisões de implementação do projeto (envolvimento dos professores, alocação de recursos, adaptação de material instrucional, envolvimento da comunidade, comunicação entre os participantes da avaliação etc.) e a elaboração de relatórios sobre os resultados do processo. Outra grande decisão seria a relacionada com a continuidade ou término do projeto, aumento ou diminuição do apoio financeiro, institucionalização do projeto etc, sendo estas decisões caracterizadas como de reciclagem e a sugestão de que fossem apoiadas por informações sobre o que o projeto tinha produzido. Assim, nesse momento, o projeto tinha procurado conceituar a avaliação como uma avaliação de processo para orientar a implementação e a uma avaliação de produto para servir às decisões de reciclagem. O novo, e que fugia à proposta de Tyler, estava na avaliação do processo.

A avaliação do modelo por diferentes grupos sofreu críticas por não ter considerado a avaliação de objetivos. Stufflebeam e sua equipe mais uma vez intervieram, propondo a avaliação e o relatório das necessidades dos estudantes e dos problemas do sistema, como forma de auxiliar os educadores na escolha de objetivos relevantes (Stufflebeam, In: Madaus et al., 1993), e que para as decisões sobre planejamento fosse realizada a avaliação do contexto. O esquema avaliativo ainda não estava completo, porque não tinham sido especificadas decisões sobre os meios (horários, procedimentos, planos administrativos etc) para alcançar um determinado conjunto de objetivos. Estas decisões foram denominadas de decisões estruturais e relacionadas à avaliação do *input*.

O esquema geral do modelo CIPP, nesse momento de sua evolução, conforme a apresentação de Stufflebeam, (1993) apresentava as seguintes características: avaliação do contexto para informar às decisões de planejamento; avaliação do *input*, para servir às decisões estruturais; avaliação do processo para orientar as decisões de implementação, e avaliação do produto a ser utilizada nas decisões de reciclagem.

O modelo de Stufflebeam não se concentra apenas na realização de um estudo de avaliação. Simultaneamente, procura prestar serviços aos responsáveis pela tomada de decisão em uma instituição educacional, como mostra o resumo a seguir, que procura destacar a relevância dos quatro tipos de avaliação para a tomada de decisão e a "accountability", segundo Stufflebeam (In: Madaus et al., 1993).

Ao mesmo tempo que Stufflebeam desenvolvia o modelo CIPP, Stake trabalhava na abordagem *Countenance*, que depois seria incorporada à Avaliação Responsiva, como veremos na discussão sobre Stake. Há uma grande identidade metodológica entre estes modelos, com mínimas diferenças. As diferenças são maiores se compararmos a abordagem Formativa/Somativa de Scriven com o modelo CIPP. Scriven dá maior destaque à avaliação somativa, enquanto Stufflebeam caracteriza a avaliação para a tomada de decisão como formativa e a avaliação para a responsabilidade educacional como somativa. As divergências parecem maiores entre Stufflebeam e Scriven, se lermos o magnífico trabalho deste último – *Evaluation Ideologies*, sobre o qual fizemos algumas observações no capítulo relacionado a Scriven; entretanto, diga-se, o próprio Stufflebeam (1993) é o primeiro a reconhecer que as divergências entre ambos são mais aparentes que reais e decorreram de diferentes perspectivas e experiências.

[2] Avaliação para tomada de decisão, conforme o modelo de Stufflebeam (1993), somente ocorre se: a) serve para uma decisão; b) implica escolha entre alternativas; e c) é usada para atribuir recursos para um próximo intervalo de tempo entre uma e outra decisão, segundo chama a atenção Borich, In: Walberg e Haertel (1990). Não é um método ou uma técnica

	ORIENTAÇÃO FORMATIVA (tomada de decisão)	ORIENTAÇÃO SOMATIVA (accountability)
Avaliação do CONTEXTO	Orientação na escolha dos objetivos e fixação de prioridades.	Registro de objetivos e base para a sua escolha ao longo de necessidades, oportunidades e problemas.
Avaliação do INPUT	Orientação para a escolha de estratégias do programa. Especificação para procedimentos do planejamento.	Registro da estratégia escolhida e seu planejamento; razões para sua escolha entre várias alternativas.
Avaliação do PROCESSO	Orientação para implementação.	Registro do processo real
Avaliação do PRODUTO	Orientação para o término, continuação, modificação ou instalação.	Registro dos resultados e decisões de reciclagem.

para tomar decisões, é mais uma perspectiva para organizar e enfocar conceitos da avaliação em relação a uma futura decisão. A abordagem procura maximizar a utilização dos resultados da avaliação. O avaliador, na abordagem, passa a ser uma extensão do responsável pela tomada de decisão. Assim, nessa abordagem, além do seu papel técnico, o avaliador assume uma posição de interface com o *decisor* no delineamento das alternativas de decisão e oferece informações que possibilitam selecionar alternativas de ação. O avaliador trabalha em colaboração com o responsável pela tomada de decisão, não só para desenvolver uma percepção das decisões a tomar e da definição as alternativas, mas, também, ao definir os critérios avaliativos a serem usados na avaliação. A responsabilidade do avaliador, na abordagem, é grande, cabendo-lhe elaborar um sumário dos dados para decisão de forma prática e apresentar proposições que não sejam ambíguas nos seus termos. O posicionamento, entretanto, não é pacífico. Há quem defenda a tese de que a tomada de decisão é responsabilidade única e exclusiva do agente contratante da avaliação.

A questão do paradigma da abordagem *decision-making* é complexa, tendo em vista que há uma diversidade de contextos e de diferentes abordagens, em que os responsáveis pelas decisões muitas vezes têm diferentes valores, prioridades e posicionamentos políticos diferentes. Contextos diversos, estilos administrativos diferentes, objetivos organizacionais diferentes acabam, entre outros elementos, gerando uma diversidade de referenciais de procedimento na condução de uma avaliação *decision-making*, onde se destaca, por exemplo, o modelo de Provus (1972/73), que se desenvolve em cinco estágios para avaliação de processo: planejamento (descrição do input, processo e resultado), instalação (operações de campo), processo (medidas), produto (resultados terminais) e comparações do programa, última fase em que o avaliador compara o programa experimental com um outro programa. Em cada fase do processo, segundo Provus, há três atividades: a) concordância sobre os padrões (objetivos) do programa; b) determinação de discrepâncias existentes entre aspectos do programa e c) uso das informações sobre as discrepâncias para determinar as deficiências do programa. As discrepâncias são levadas ao conhecimento do responsável pela tomada de decisão para saber se continua com o programa, na sua fase seguinte, ou revê os padrões ou as operações. A questão do modelo *Adversary Evaluations* já foi anteriormente analisada e a ela remetemos o leitor.

O avaliador nessa abordagem não pode ser ingênuo, devendo acautelar-se contra as distorções do uso das informações pelo responsável pela tomada de decisão, que pode favorecer certos aspectos bem sucedidos de um programa, e ignorar possíveis falhas existentes nos mesmos, gerando, assim, uma falsa imagem favorável ao programa junto ao público (alunos, professores, pais etc) e às autoridades governamentais, adverte com bastante propriedade Borich no seu ensaio.

[3] A questão da definição de padrões em educação é das mais complexas, como bem mostra Casassus[1], e estamos apresentando esta nota para chamar a atenção para o assunto, que não está diretamente ligado aos padrões discutidos a seguir em [4]. Os padrões são construtos teóricos, são referenciais elaborados e aceitos por pessoas com experiência e autoridade na área. Sem a definição de padrões é impossível agir com segurança e, ao mesmo tempo, ter confiança nas ações que empreendemos. A partir desse ponto, podemos dizer que os padrões são construtos teóricos que permitem atuar com confiança (e segurança) nas ações educacionais. É impossível realizar uma avaliação do rendimento escolar sem a perspectiva dos padrões educacionais que orientam qualquer análise e discussão.

Os padrões são internalizados por quem os adota, mas necessitam ser externalizados para que sejam do conhecimento público, a fim de que possam ser definidas responsabilidades e possa ser exigida uma prestação de contas (*accountability*). Os padrões adotados têm uma relação estreita com a qualidade das nossas ações, indicam o nível de qualidade daquilo que empreendemos em educação.

Ainda que os padrões sejam de grande relevância em educação, somente nos dias que fluem começam a ser discutidos e definidos (o que não é o caso do Brasil). Assim, é preciso que de modo bastante claro fiquem definidas as competências conceituais e práticas esperadas dos alunos, o que é de suma importância para o trabalho educacional, inclusive no campo da avaliação, e deve ser de conhecimento de toda a sociedade, incluindo alunos, pais e professores, o que já foi feito, por exemplo, nos Estados Unidos, que definiram os padrões educacionais para o ensino básico obrigatório até o ano 2000. É preciso não confundir padrões educacionais com objetivos instrucionais, curriculares. Os padrões são em número limitado e referem-se ao essencial; enquanto os objetivos são específicos e podem ser utilizados para alcançar os padrões. Entre esses padrões não devemos esquecer que existem padrões básicos, que devem ser alcançados por todos; por outro lado, existem, ou devem ser considerados, os padrões de excelência, que são ideais, alcançáveis por alguns poucos, mas que precisam ser previstos. Os padrões não podem ficar restritos ao mínimo (as célebres competências mínimas), precisamos considerar igualmente o

(1) CASASSUS, J *Distinciones conceptuales relativas a estandares en educación*. Paper (1996).

máximo, ainda que reconhecendo que essa é uma temática bastante complexa e polêmica. Devemos pensar, também, que os padrões devem ser expressos de forma a que possam ser observados, medidos (se for o caso) e avaliados, para que sejam definidas responsabilidades e prestação de contas.

A presente nota objetivou chamar a atenção para o problema, especialmente em nosso contexto educacional, que apresenta uma grande diversidade sócio-cultural. Sem uma definição desses padrões, as análises comparativas de macroavaliação, como as que ora vêm sendo feitas neste final da década de noventa, não se revestem de sentido, apesar de todo aparato tecnológico utilizado e a construção de escalas matematicamente corretas, mas que não fazem sentido para a comunidade escolar e para a sociedade.

[4] Os 30 padrões de avaliação resultaram do esforço hercúleo de representantes de 12 instituições, totalizando aproximadamente 200 pessoas, sob a coordenação de Stufflebeam. Esses padrões têm uma dupla finalidade: – possibilitar o desenvolvimento da avaliação de programas, projetos e materiais, e permitir o julgamento da eficiência dessa avaliação, ou seja, orientar o processo de meta-avaliação. Há um consenso entre as grandes instituições norte-americanas (AERA – *American Educational Research Association*, APA – *American Psychological Association* e NCME – *National Committee on Measurement in Education*, entre outras) que esses padrões são indispensáveis na avaliação de avaliações (meta-avaliação), por constituírem, como destacam Stufflebeam e Madaus (In: Madaus et al., 1993), uma linguagem comum que facilita a comunicação e a colaboração em avaliação; um conjunto de princípios gerais que permite lidar com grande diversidade de problemas de avaliação; um referencial teórico para a realização de estudos de avaliação; um conjunto de definições operacionais para orientar a pesquisa e o desenvolvimento do projeto de avaliação; uma descrição pública do estado da arte em avaliação educacional; uma base para os avaliadores se reportarem à responsabilidade educacional; uma ajuda no sentido de desenvolver a credibilidade pública em relação à área da avaliação educacional. Ressaltemos, como inclusive o fazem Stufflebeam e Madaus (In: Madaus et al., 1993), que os padrões referem-se exclusivamente à avaliação de programas, projetos e materiais, sendo excluídos outros tipos de avaliação.

Os padrões de avaliação estão agrupados em quatro grupos, de acordo com os atributos de uma avaliação: – sua utilidade; sua factibilidade, sua propriedade (adequação; correção) e sua precisão. Os padrões de utilidade refletem o consenso na literatura relacionado à necessidade de a avaliação de programas ser responsiva às indagações das clientelas. Os padrões, em geral, exigem que os avaliadores conheçam as várias audiências interessadas nos resultados da avaliação, estabeleçam as informações de que precisam, e apresentem clara e concisamente informações relevantes no tempo próprio. Os padrões relacionados a factibilidade em termos materiais e de custos-benefícios. A avaliação exige um plano definido, operativo, prático e parcimonioso em relação aos recursos financeiros. Ou seja, o padrão factibilidade significa ser: – realista, prudente, politicamente viável e parcimonioso, no dizer de Stufflebeam e Madaus (In: Madaus et al., 1993). O terceiro grupo de padrões – sua propriedade – reflete o fato das avaliações afetarem as pessoas de diferentes modos; assim, são padrões que garantem os direitos das pessoas e os protegem, considerando que muitas avaliações têm implicações éticas. A avaliação deve, assim, ser realizada de acordo com as normas legais, levar em consideração o bem-estar de todos os envolvidos, e dos que podem ser afetados por seus resultados. Os padrões relacionados com a precisão demandam que as informações levantadas sejam tecnicamente adequadas e que as conclusões estabelecidas estejam logicamente relacionadas aos dados. A análise conjunta dessas características servirá para demonstrar a validade global da avaliação. (Ver o resumo dos padrões de avaliação coordenados por Stufflebeam et al. e uma tabela relativa à consideração de algumas características de uma suposta avaliação em Madaus et al., 1993).

CAPÍTULO 6

AVALIAÇÃO RESPONSIVA: ROBERT E. STAKE

Les mathématiques n'épuisent pas le monde: elles ne sont qu'un élément de la nature et des modes de connaissance de l'homme (pensait Nicolas de Cuse).

KARL JASPER[1]

6.1 Introdução

Stake é incontestavelmente uma das grandes figuras da educação norte-americana, ao lado de Tyler, Cronbach, Scriven e Stufflebeam, entre outros, no campo da avaliação, área a que deu enorme contribuição, espalhada, entretanto, em ensaios e artigos publicados em diferentes revistas de nível internacional. Uma síntese de sua carreira como educador e avaliador – doutorado com tese sobre análise fatorial, professor de matemática na Academia Naval de Annapolis (Maryland, USA), professor, pesquisador e avaliador, chegou ao ápice de sua carreira como *full* professor, lecionando e orientando alunos nacionais e estrangeiros, inclusive brasileiros, na University of Illinois (Urbana), especificamente no *Center for Instructional Research and Curriculum Evaluation* (CIRCE). A obra que produziu tem um caráter multiforme e aborda diferentes problemas, sendo que, no presente trabalho, inicialmente, nos fixaremos na apresentação de seu modelo *countenance*, na avaliação responsiva, já apresentada na parte relacionada a considerações teóricas e posicionamentos,

1 JASPER, KARL (1994) – *Initiation à la méthode philosophique*. Éditions Payot & Rivages. Paris, p. 16.

e, por último, na metodologia do estudo de caso, sua grande contribuição para a avaliação qualitativa. Eventualmente, no final, na parte de Notas e Comentários, enfocaremos outros aspectos, mas brevemente, e na medida do possível [1].

6.2 Comunalidade e singularidade

A visão de mundo de muitas pessoas se direciona para a falsa suposição de que tudo se categoriza como comunalidade ou singularidade, para usar as expressões de Stake (1983a) retiradas de uma de suas áreas de especialização, a análise fatorial. Ou seja, as pessoas concentram suas atenções sobre aquilo que é comum a todos os sujeitos ou no que é singular a cada um dos elementos estudados. Stake (1983a) lembra que a argumentação relacionada à singularidade e à subjetividade é considerada como se referindo à pesquisa e à avaliação qualitativa, e que a discussão ligada à objetividade e à comunalidade relacionar-se-ia à pesquisa e à avaliação quantitativa. As expressões quantitativa e qualitativa, ainda segundo Stake (1983a), dão margem a interpretações que podem ser consideradas duvidosas.

Stake (1983a) dimensiona toda essa problemática com bastante propriedade ao dizer: "*O argumento a favor e contra singularidade e subjetividade é muitas vezes visto como uma diferença entre as abordagens quantitativas e qualitativas na pesquisa. A distinção é importante ainda que esses termos dêem margem a falsas interpretações. Todos os pesquisadores quantitativos, é claro, fazem discriminação qualitativas, assim como todos os pesquisadores qualitativos descrevem importantes quantidades em seus relatórios sobre educação.*"

"Quando nos referimos a quantitativo colocamos o problema em termos de uma questão de ênfase. A pesquisa quantitativa caracteriza-se por dados extraídos de um grande número de casos sobre um pequeno número de variáveis. A pesquisa qualitativa é caracterizada por dados obtidos a partir de um pequeno número de casos sobre um grande número de variáveis." (Stake, 1983a)

6.3 Avaliação quantitativa e qualitativa

Stake encaminha a sua discussão sobre o assunto de uma forma a demonstrar que a diferença entre pesquisa/avaliação quantitativa e qualitativa é de natureza epistemológica, envolvendo as generalizações que os dois tipos de avaliação e/ou pesquisa podem proporcionar.

Ao discutir com maior amplitude o problema da avaliação e/ou pesquisa quantitativa e qualitativa, Stake (1983a) faz considerações de grande pertinência com o objetivo de caracterizar as duas abordagens. Assim, mostra que, a partir da percepção de um fenômeno educacional, a avaliação e/ou pesquisa quantitativa: – identifica algumas poucas variáveis ou propriedades; – seleciona as variáveis intuitivamente (redução e delimitação que são necessárias à avaliação e/ou pesquisa); – concentra-se nas variáveis ou propriedades que mostram grande variação; – realiza medidas e estabelece correlações, procurando identificar padrões de covariação; – explica genericamente os fenômenos, a partir da idéia que tem a respeito da população; – seleciona uma amostra para estudo, compara medidas, faz análises estatísticas, procurando explicar a variação e a covariação; – prepara tabelas e quadros para explicar essa variação e covariação; – generaliza, formalmente, sobre a relação entre as variáveis estudadas, elaborando relatório. O produto é uma explicação que destaca as características das variáveis para a população. A generalização, desse modo, assemelha-se a leis.

Igualmente, sempre a partir da percepção de um fenômeno educacional, a avaliação e/ou pesquisa qualitativa: – identifica eventos ou casos que sejam de interesse (pessoas, grupos, produtos etc); – considera propriedades ou variáveis, que, entretanto, não são o ponto nuclear do estudo, na verdade, momentos, lugares, pessoas são o centro do enfoque; – procura a singularidade individual, base para a compreensão do que é típico e, depois, do geral; – identifica seqüências importantes de eventos, testemunhas para eventos passados, e observa como os eventos são determinados; – registra e interpreta as observações, procura padrões de covariação, selecionando-os intuitivamente; – verifica com rigor as observações, validando seu significado via triangulação, ou seja, as observações são repetidas por múltiplos observadores, usando múltiplos métodos e múltiplas interpretações teóricas; – valida as observações em diferentes fases e momentos, à medida que o processo se desdobra; – elabora relatório final que é um retrato descritivo dos fenômenos observados, apresentando generalizações naturalistas (informais, explicações pessoais do mundo externo) e propicia aos usuários da avaliação e/ou pesquisa condições para que cheguem às suas próprias generalizações.

As generalizações a que as avaliações e/ou pesquisas quantitativas e qualitativas chegam não são as mesmas, ressalta Stake (1983a), considerando que possuem diferentes conceituações dos dados e diferentes bases para validação e interpretação; por isso, acreditamos que ambos os tipos de avaliação/pesquisa se completem para a estruturação de novos conhecimentos, a partir de um mesmo fenômeno visto por intermédio de óticas diferentes.

6.4 Avaliação naturalista

Ao longo do presente texto referir-nos-emos com grande freqüência às expressões "pesquisa naturalista" e "avaliação naturalista". É bom que procuremos deixar claro o que essas expressões significam, na linha de Stake (1983b). Atribui-lhe Stake um significado bastante amplo, querendo dizer que, na avaliação/pesquisa naturalista, os sujeitos são observados na sua atividade habitual, em seu habitat usual e que as observações são apresentadas em uma linguagem não técnica, empregando palavras e conceitos com os quais os usuários (clientes) da avaliação estão familiarizados. Assim, o avaliador naturalista, na visão de Stake (1983b), deve observar, minimizando qualquer intervenção, e deve relatar, em linguagem coloquial, o que constatou sobre os sujeitos observados nos seus procedimentos usuais, nas suas atividades do dia-a-dia e no seu ambiente natural.

Há quem advogue um maior número de avaliações naturalistas (L. Cronbach, E. Guba, por exemplo), mas não apenas em caráter exploratório, e sim em estudos mais amplos, abrangendo diferentes aspectos da educação; outros (F. Kerlinger e J. Popham, por exemplo) adotam uma posição parcialmente contrária, achando a avaliação/pesquisa naturalista útil, mas numa fase de exploração preliminar, pois partem do pressuposto de que as conclusões baseadas nesse tipo de avaliação seriam subjetivas e não possuiriam fidedignidade, como relata Stake (1983b). Os opositores da pesquisa naturalista, por outro lado, argumentam que esse tipo de avaliação poderia comprometer o prestígio que a teoria das medidas e as tecnologias de análise estatística desfrutam no momento. Os adeptos da avaliação naturalista vêem as coisas sob um outro enfoque, sugerem "*um sentido diferente da missão e um conjunto diferente de percepções. A esperança centra-se na confiança de que descrições naturalistas serão úteis, especialmente se a validade basear-se na triangulação e numa revisão dialética*", como propõe Stake (1983b).

A grande problemática a enfrentar para o sucesso da avaliação naturalista, segundo a colocação de Stake (1983b), com a qual concordamos plenamente, não está na subjetividade, mas nos seus custos, que são altíssimos. A questão, entretanto, não pode ser vista, exclusivamente, na perspectiva dos custos. Necessário se faz que, além dos custos, sejam considerados, também, os benefícios, sobretudo se houver *"um aumento valioso do conhecimento existente"* a respeito dos complexos problemas da educação, de acordo com o destaque de Stake (1983b).

Ao realizar uma avaliação ou pesquisa é preciso pensar na sua destinação, no seu objetivo principal. Stake (1983b) diz muito bem que *"a maioria das pesquisas educacionais deve estar a serviço da educação e, claramente, proporcionar uma melhor compreensão de seus problemas práticos. É admirável que algumas pesquisas sejam abstratas, sobretudo visando a formação de pesquisadores..."*. Referindo-se à situação nos Estados Unidos, Stake (1983b), candidamente, declara: *"Não seria realista acreditar que a maioria das atuais pesquisas... possa contribuir de maneira significativa para a solução de problemas práticos da educação, nos limites da minha existência"*. Acreditamos que o mesmo ocorra no Brasil, país que ainda vive na pré-história da avaliação e, também, da pesquisa educacional. Precisamos, no atual contexto, produzir avaliações e pesquisas que sejam educacionalmente significativas e úteis àqueles que precisam enfrentar os problemas do dia-a-dia na educação.

Após a presente introdução, em que alguns dos posicionamentos básicos de Stake foram apresentados, a partir das conferências proferidas na Pontifícia Universidade Católica do Rio de Janeiro (1983a, 1983b), passaremos ao modelo de avaliação que apresentou[2].

6.5 Modelo de Avaliação

O ensaio de Stake (1967) – *The Countenance of Educational Evaluation*[3] –, ao lado do escrito por Scriven e publicado no mesmo ano, repre-

2 Ver Depresbiteris, L. Avaliação de Programas e Avaliação de Aprendizagem. *Educação e Seleção*, 19. Fundação Carlos Chagas, São Paulo, SP 1989

3 A palavra *countenance* apresenta diferentes significados: semblante, rosto; proteção; apoio; favorecer (Ferreira, Pe. J A. *Dicionário Inglês-Português* Edição do Autor. Porto. s/d), fisionomia, semblante, feições; expressão (facial), face, rosto, aprovação, apoio, compostura, calma, controle, aprovar, dar apoio, sustentar (Houaiss, A. e Avery, C. A. (Ed.) *Dicionário Barsa das Línguas Inglesa e Portuguesa*. Appleton – Century – Crofts, New York, 1964), expressão, semblante, fisionomia, calma, seriedade, compostura, aprovação, proteção, estímulo, apoio. Santos, A. S. dos. *Guia Prático de Tradução Inglesa*. Editora Cultrix, São Paulo, 1ª ed. 4ª tiragem, 1995. Alguns textos em língua vernácula traduzem o título do artigo de Stake como *"O Semblante da Avaliação Educacional"*, o que não nos parece perfeitamente adequado, tendo em vista o seu conteúdo, donde conservarmos o título original.

senta um grande passo no dimensionamento da questão da avaliação educacional, que, a partir de Tyler, passa a ter novos enfoques e procura, até a presente data, mas sem sucesso, criar uma possível teoria geral. Stake terá um papel sobremodo relevante na teorização da avaliação; inicialmente, ressalta que o homem em geral, independentemente das suas qualificações, acredita na educação, mas valoriza a avaliação de diferentes maneiras. Os educadores, por seu lado, apresentam diferenças nos seus posicionamentos relativos à essência e ao valor dos programas educacionais, sendo poucos os que conseguem posições iguais em relação aos mesmos, tendo em vista a multiplicidade dos modelos de avaliação. As idéias de Stake (1967) vão dar origem à avaliação responsiva e possibilitam o surgimento da avaliação naturalista.

Stake (1967) destaca que a avaliação apresenta um lado formal e outro informal. A avaliação informal depende de observações casuais, objetivos implícitos, normas intuitivas e julgamento subjetivo. Todas estas características traduzem o dia-a-dia educacional, não sofrendo, por isso, grandes contestações. A avaliação informal varia bastante de qualidade, algumas vezes bastante percuciente; mas outras, completamente superficial. A avaliação formal depende de outros elementos, inclusive de comparações controladas e do uso de testes padronizados. Apesar de referências constantes, não existem testes padronizados no contexto brasileiros, dado o pouco desenvolvimento das técnicas psicométricas empregadas no contexto nacional. Voltando a Stake, ele acentua que, realmente, o que se faz é a avaliação informal, com base na opinião de professores sobre o programa, a sua lógica e/ou a reputação profissional dos responsáveis pela sua elaboração. Tudo isso provoca, naturalmente, uma grande insatisfação em relação à avaliação formal, existindo poucos estudos desse tipo de avaliação que sejam realmente significativos na percepção de Robert E. Stake, que também põe em dúvida a contribuição dessa avaliação para a educação.

Stake (1967) chama a atenção para o fato de que no exame de avaliações formais não existe um esforço para relacionar as condições antecedentes e as interações (*transactions*)[4] em sala de aula, nem uma preocupação em estabelecer uma relação entre estes procedimentos e os resultados alcançados, geralmente representados pelo que Stake chama de escores

4 Alguns estudiosos da avaliação traduzem *transactions* como transações, parece-nos, entretanto, que o vocábulo interações representa melhor o sentido da palavra usada por Stake.

convencionais de testes. Pouco se faz também para associar o que os educadores pretendem fazer e aquilo que eles realmente realizam. Stake (1967) critica o excesso de preocupação psicométrica de alguns avaliadores em relação à fidedignidade dos escores e à validade preditiva dos instrumentos, quando, no caso da avaliação de um currículo ou programa, as diferenças individuais dos estudantes devem ser substituídas por outras preocupações, como a contingência entre condições anteriores, atividades de sala e resultados.

A partir dessas colocações, Stake (1967) destaca que o seu objetivo não é dizer o que medir ou como medir, mas apresentar os elementos necessários para o desenvolvimento de um plano de avaliação, especialmente em relação a programas educacionais, e não de materiais, pois a avaliação daqueles pressupõe que se faça a destes últimos. Procura, assim, introduzir uma conceituação da avaliação orientada para a complexa e dinâmica natureza da educação, cujos propósitos variam de uma situação para outra. O que serve para uma escola talvez não sirva para outra, diz Stake (1967), que chega a um ponto crucial quando afirma que o especialista vê a si mesmo como alguém que descreve aptidões e desempenhos, e que o professor e o administrador esperam que o avaliador atribua um grau/escore ao mérito de alguém ou de alguma coisa, que julgue as coisas em relação a padrões externos ou a critérios que pouco têm a ver com a escola e seus objetivos. Ninguém vê que descrição e julgamento são, na verdade, os dois atos básicos da avaliação (Stake, 1967). É possível que um avaliador como indivíduo se abstenha de julgar, ou até mesmo deixe de coletar o julgamento dos outros. É igualmente provável que o avaliador só queira destacar o que o programa apresenta de valor. A sua avaliação será sempre incompleta, porque é preciso que o programa seja inteiramente descrito e inteiramente julgado para que se tenha uma avaliação educacional.

Os dados levantados pelo avaliador são de diferentes fontes e coletados de diferentes maneiras. Segundo Stake (1967), devem ser agrupados em três conjuntos de informações:

1. Antecedentes – condições existentes antes do ensino e da aprendizagem que podem se relacionar com os resultados, ou seja, aquilo que os especialistas em instrução programada chamam de comportamento de entrada.
2. Interações – conjunto das inúmeras interações de estudante com professor, estudante com estudante, pais com orientadores etc., ou

seja, a sucessão de compromissos que constituem o processo educacional.

3. Resultados – conhecimentos, habilidades e atitudes dos estudantes, como conseqüência da experiência educacional. São as aspectos que, tradicionalmente, interessam à avaliação formal. Stake (1967) chama a atenção para o fato de que o impacto do processo instrucional sobre os professores, administradores e outros, como conjunto de informações, também deveria ser incluído entre os resultados. A questão dos resultados é complexa porque deve incluir não apenas aqueles que são evidentes mas também os que somente mais tarde podem ser medidos, como, por exemplo, transferência e efeitos da reaprendizagem (Stake, 1967).

Antecedentes, interações e resultados são elementos que participam da descrição e do julgamento. Stake (1967), no seu modelo, mostra que os julgamentos podem ser classificados como padrões gerais de qualidade ou julgamentos específicos de um dado programa. Os dados descritivos são classificados em intenções e observações. Ao avaliador cabe preparar um registro do que os educadores pretendiam (intenções), e das percepções dos observadores. O próprio Stake apresenta um exemplo imaginário de 12 conjuntos de dados, admitindo, contudo, que os educadores e avaliadores não esperam registros com todos esses detalhes, mesmo em futuro distante.

As intenções ou objetivos, segundo Stake (1967), são todos os efeitos desejados, os que podem ser antecipados, e mesmo aqueles que despertam algum receio. Estes tipos de objetivos (intenções) são o que os outros esperam, sobretudo os estudantes. Ao final, a relação das intenções é uma lista de prioridades sobre o que deve ocorrer ao longo do desenvolvimento do programa (objetivos), sendo um desafio para o observador conseguir a relação de todos os objetivos pretendidos.

A figura (1) ajuda a compreender as colocações de Stake (1967).

A maioria dos dados descritivos são classificados como observações. As observações podem ser coletadas diretamente pelo avaliador ou através de instrumentos (inventários, dados biográficos, entrevistas, *checklists*, opinionários, e testes psicométricos), segundo as colocações de Stake. Ainda que o avaliador dê especial atenção a resultados de medidas, não pode ignorar os resultados de suas observações, nem as condições anteriores (antecedentes) e nem os procedimentos instrucionais. Ao longo de

Figura 1 – Afirmações e dados a serem coletados por um avaliador de um Programa Educacional, segundo R. Stake (1967)

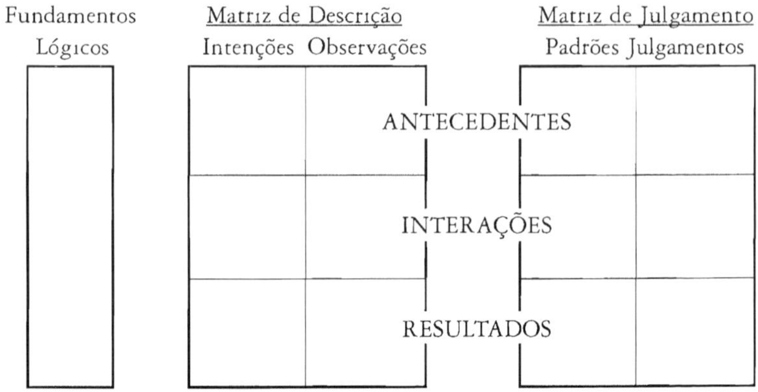

seu ensaio, Stake chama a atenção para o fato de que o avaliador, na escolha de variáveis a estudar, deve tomar várias decisões subjetivas e, obviamente, limitar o número de elementos a estudar, descartando tudo aquilo que não contribui diretamente para o seu trabalho. A atenção do avaliador deve estar voltada principalmente para as variáveis ligadas aos objetivos estabelecidos pelo educador, incluindo, naturalmente, outras que por ventura tenha observado. O problema dos efeitos colaterais e o dos ganhos incidentais, nota Stake (1967), devem ser aspectos a considerar.

Uma avaliação não está completa se não considerar os fundamentos do programa, ainda que, às vezes, não sejam perfeitamente explícitos no programa. Estes fundamentos lógicos são a base filosófica do programa, e refletem seus propósitos, sendo, portanto, de capital importância para o avaliador, ao considerar as intenções do programa, além de ser importante para a futura escolha daqueles que vão participar dos julgamentos.

Para fins de processar os dados descritivos da avaliação, discute Stake (1967), é preciso determinar as contingências (o que pode ou não suceder) entre antecedentes, interações e resultados, estabelecendo, ainda, a congruência (relação) entre intenções e observações. A representação gráfica a seguir dá uma idéia do processamento dos dados da matriz descritiva:

Os dados de um programa são congruentes se o pretendido realmente acontece. A conseqüência fatal entre antecedentes, interações e resulta-

DADOS DESCRITIVOS

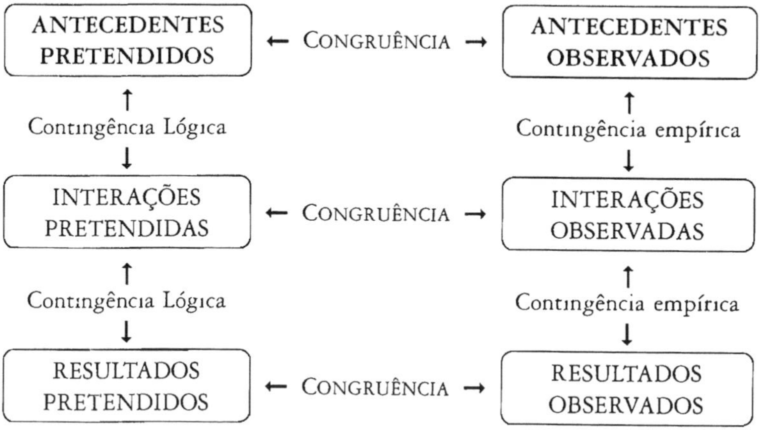

dos raramente acontece. É preciso comparar o pretendido com o observado a fim de positivar discrepâncias, e descrever a congruência que por acaso exista, observando-se, entretanto, que a congruência não é indicativa de fidedignidade ou validade dos resultados. Indica, na verdade, se o que se pretendeu teve oportunidade de ocorrer efetivamente. A descrição dos pares de variáveis numa coluna da matriz de dados informa mais do que as variáveis isoladamente. Avaliação, ressalta Stake (1967), é uma procura das relações (congruências) que permitem a melhoria da educação, cabendo, desse modo, ao avaliador identificar resultados que são contingentes em relação a determinados antecedentes e procedimentos instrucionais. A contingência entre aspectos pretendidos é de natureza lógica e essa lógica deve apoiar-se em experiências ou em pesquisas anteriores, ou, então, em observações semelhantes que foram anteriormente realizadas. A avaliação da contingência das observações depende de provas empíricas. A avaliação de um único programa não proporciona dados para que se possam emitir enunciados sobre a contingência, ficando-se na dependência de experiências anteriores. As contingências e congruências que os avaliadores conseguirem identificar devem ficar sujeitas aos julgamentos de peritos, lembrando-se que a não congruência pode ser importante fator na avaliação de um programa e esclarecer possíveis problemas de relevância (Stake, 1967).

A necessidade de estudos comparativos é algo que se impõe, tendo em vista o fato de que nenhuma escola pode avaliar o impacto do seu programa sem o conhecimento do que outras escolas estão realizando para concretizar seus objetivos (Stake, 1967). A questão é bastante complexa quando se considera, por exemplo, que os escores/notas dos alunos se baseiam em critérios personalíssimos dos professores, que têm padrões bastante diferenciados entre si. Stake (1967) chama atenção para as descrições pouco informativas que os professores fazem do grau de excelência dos seus alunos, ainda que esses mesmos professores sejam competentes nas suas áreas substantivas e na identificação das dificuldades que os alunos apresentam.

A questão dos padrões de comparação é bastante complexa pela multiplicidade dos próprios padrões e a sua variação de estudante para estudante, de professor para professor e de grupo de referência para grupo de referência (Stake, 1967). Cabe, assim, ao avaliador identificar os melhores padrões para o seu caso especial, o que é uma grande responsabilidade. A definição de padrões é indispensável no caso da avaliação formal de um programa, e a grande dificuldade na realização desse trabalho está na definição de uma metodologia adequada para processar os diferentes julgamentos apresentados.

Os julgamentos podem basear-se em padrões absolutos, refletindo julgamentos pessoais, ou padrões relativos, considerando características alternativas dos programas. Ou seja, avaliar o programa em relação a opiniões sobre como deve ser um "bom" programa, ou em comparação a outros programas já existentes. Antes de qualquer julgamento, de acordo com Stake (1967), é preciso verificar se cada um dos padrões definidos foi efetivamente alcançado. Julgar vai consistir em atribuir um peso, um valor a cada padrão. Assim, um julgamento racional em avaliação educacional é uma tomada de decisão relativa aos padrões de referência para decidir se toma ou deixa de tomar uma determinada decisão administrativa, segundo Stake (1967). Vê-se, pois, que a decisão sobre quais variáveis estudar ou decidir sobre quais padrões empregar são comprometimentos subjetivos inevitáveis na avaliação educacional, assim como subjetiva é também a decisão sobre o tipo de avaliação a realizar, objeto da preocupação de Cronbach (1965) e também do próprio Scriven (1967), na sua *Methodology of Evaluation*. Stake (1967) discrimina a questão do formal (avaliação objetiva) do informal (avaliação subjetiva), sugerindo procedimentos formais se julgamentos racionais devem ser apresentados[5].

6.6 Avaliação responsiva

Anteriormente, ao definirmos certos posicionamentos, demos um crédito à avaliação responsiva. Voltamos, novamente, ao mesmo tema, usando como referencial o importante texto de Stake e Pearsol (1981) para uma discussão mais longa sobre esse tipo de avaliação que, parece-nos, deveria merecer uma prática mais entusiástica em nosso contexto educacional, como pode ser depreendido da importância dos conceitos.

Aqueles que não têm um maior trato com a sua metodologia reagem, inicialmente, como se uma verdadeira avaliação não tivesse ocorrido, apesar do árduo trabalho realizado pelos especialistas. Os relatórios muitas vezes, no caso de uma avaliação responsiva, podem causar uma grande surpresa à clientela, que o julgará severamente, considerando-o completamente insuficiente, por carência de dados, por falta de "informações" resultantes de uma metodologia baseada em complexos programas de computação que, supostamente, forneceriam os elementos que dariam o caráter de suficiência aos relatórios.

Analisemos, no caso de uma avaliação responsiva, os diversos procedimentos que caracterizam uma avaliação fundamentada em princípios científicos.

Para iniciarmos uma avaliação responsiva é preciso que haja uma perfeita interação entre a instituição interessada no trabalho, através de sua diretoria, equipes técnicas e corpo docente, e o avaliador. Isso se justifi-

---

5 Procuramos fazer uma apresentação do modelo de avaliação de Stake (*The Countenance of Educational Evaluation*) que é importante e extremamente útil para o desenvolvimento de uma avaliação. Não se trata de um *cookbook* (receita), mas um quadro referencial que destaca os dois elementos fundamentais da avaliação: descrição e julgamento. A discussão sobre contingência e congruência chama a atenção para a questão da análise dos dados, especialmente se são volumosos. A questão do julgamento merece toda a atenção de Stake (1967) por ser um momento crítico, sobretudo tendo em vista que uma escolha inadequada de padrões pode invalidar os julgamentos e, conseqüentemente, a própria avaliação, impossibilitando estudos comparativos, que são cruciais em avaliação educacional Fizemos uma descrição de um modelo, mas a riqueza da obra de Stake precisa ser examinada, tendo em vista a sua contribuição para a avaliação responsiva/naturalista, o que será feito posteriormente em dois momentos do presente trabalho. O objetivo do presente capítulo foi, reiteramos, apresentar algumas idéias básicas de Stake, que devem ser objeto de reflexão aprofundada, independentemenre da orientação metodológica do avaliador.

ca, porque uma avaliação não pretende bloquear atividades e nem o desenvolvimento de seus programas, pois, se necessário, no caso de uma avaliação responsiva, há uma simultaneidade entre o desdobrar do programa, com vistas a futuras alterações, e a própria avaliação.

O início de uma avaliação responsiva centra-se no aprofundamento do conhecimento de todos os elementos da cultura institucional e dos posicionamentos em relação ao que deva ser, é ou não deva ser objeto da avaliação, que, no caso, pensamos em um programa. Isso é importante, tendo em vista que a atuação eficiente de um programa não pode ser medida de forma ortodoxa, por meio de instrumentos psicométricos, e com o emprego de estatísticas, por mais sofisticadas que possam ser. A reunião acima proposta – instituição e avaliador – deve ser conseqüente e esclarecer de modo irredutível os limites da avaliação, inclusive do ponto de vista administrativo. É o momento mais apropriado para o esclarecimento de dúvidas, incertezas e de respostas às várias questões que porventura se apresentam às partes.

Uma cronologia de atividades e do envolvimento do avaliador deve ser estabelecida, assim como a duração do projeto. Tudo no sentido de conciliar o trabalho do avaliador com as atividades e os interesses institucionais. O avaliador deve apresentar suas dúvidas iniciais, a serem esclarecidas pela instituição, que deve ficar ciente do surgimento de dúvidas e problemas os mais diversos ao longo dos trabalhos. Essa fase inicial, assim como o desenrolar da avaliação, centra-se em um grande e transparente diálogo entre o avaliador e a parte contratante, quando se discutirá, certamente, o impacto que a avaliação passa a ter no corpo discente, assunto que, por sua importância, não pode ser ignorado nesse momento inicial, tendo em vista suas repercussões. O impacto, no caso, traduz-se por modificações no saber (conhecimento), no saber – fazer (habilidades) e no saber – ser, em novas atitudes, por conseguinte.[6]

A instituição contratante, nesse momento inicial, também terá suas dúvidas, suas interrogações e, possivelmente, suas inquietações. Ou seja, muito provavelmente a primeira indagação será – como serão coletados os dados?, seguindo-se-lhe outra: de que maneira alunos, professores e toda a comunidade se envolverão no programa de avaliação? Haverá

6 Ver o artigo de Depresbiteris, L. e Taurino, M. do S. O difícil percurso de um educador no mundo dos critérios de avaliação. In: *Estudos em Avaliação Educacional*, nº 14, p. 45-63 Fundação Carlos Chagas, São Paulo, SP 1996.

manifestação para o conhecimento das informações dos participantes, sendo prudente da parte do avaliador, como bem lembram Stake e Pearsol (1981), que se estabeleçam prazos adequados para o bom andamento do trabalho, sem atropelos, sem sobrecarga e sem criar uma atmosfera estressante, como sói acontecer em alguns casos. O perfil do alunado é quase sempre uma manifestação solicitada através do rendimento escolar. Uma avaliação responsiva não se vê obrigada, necessariamente, a aplicar testes ou a submeter a amostra estudantil a provas, instrumentos muitas vezes não adequados quando se deseja identificar novas idéias, novas percepções e novos questionamentos resultantes da implantação de um novo programa.

O assunto apresentado é de uma grande complexidade, tendo em vista que diferentes alunos em um mesmo programa apresentam diferentes idéias, percepções e questionamentos, não se podendo, muitas vezes, fazer um juízo de valor estabelecendo que esta idéia é melhor do que aquela outra. O mesmo ocorre com percepções e questionamentos. O perfil do aluno, por mais importante que seja, não é suficiente em uma avaliação responsiva, é fundamental que seja feito um contraste (comparação) entre o perfil do aluno e a observação decorrente da interação aluno/professor, de modo a verificar até que ponto o professor leva o aluno à reflexão e se os objetivos propostos pelo programa estão sendo efetivamente atingidos e traduzidos por experiências relevantes (Stake et al., 1981). Em função desses resultados é que se pode afirmar, categoricamente, se o programa estaria tendo algum impacto.

Uma fase fundamental na avaliação responsiva é a das entrevistas envolvendo todos os participantes do programa. Além do mais, toda uma programação de observações, por pessoas devidamente qualificadas, deve ser planejada para ser realizada em sala de aula. Aqui se nos depara um sério problema: – o da confidencialidade das informações proporcionadas por professores e alunos, que nunca devem ser individualizados em exposições orais e/ou relatórios escritos. A discussão do relatório final com a parte contratante é uma prática salutar, para fins de correção de possíveis erros factuais, destacando-se, entretanto, que essa prática de correção não se deva transformar em censura, o que seria inteiramente descabível. Se houver discordâncias, as mesmas deverão constar em anexo ao relatório final.

Uma avaliação, qualquer que seja a sua natureza, precisa ser planejada, inclusive a avaliação responsiva, incluindo, nesse caso, uma análise do programa, um exame do material didático, discussão crítica dos planos de aula, conversas com professores responsáveis pelo desenvolvimento dos programas e um levantamento exaustivo de todo o material pertinente ao programa a ser avaliado. Somente, então, depois da conversa e discussão inicial e do exame exaustivo de todo o material levantado e analisado, o avaliador define suas atividades e estabelece os elementos que servirão de guia para as futuras observações, peças fundamentais na avaliação responsiva.

As pensarmos em uma avaliação responsiva, devemos propor uma série de interrogações (Stake et al., 1981) e encontrar respostas que nos permitam desenvolver um plano de atividades coerentes de forma profícua. Quais algumas dessas indagações?

1. Qual a justificativa fundamentada para a inclusão do programa no currículo?
2. Qual a influência que o programa exercerá sobre os estudantes, ou o que eles obterão com a inclusão desse novo programa?
3. Qual a história de vida desse programa, ou seja, quais suas diferentes fases até a sua forma atual?
4. Quais as diferenças desse programa em relação aos outros que existiam na instituição?
5. Quais as recomendações estabelecidas para avaliar os alunos ao longo do desenvolvimento do programa?
6. Quais os pré-requisitos necessários aos alunos para acompanharem o programa?

A partir dessas colocações de Stake et al. (1981) fica evidente que o avaliador, ao iniciar o seu trabalho avaliativo/investigativo, não possui respostas para esse conjunto de indagações e de outras perguntas que por acaso possam surgir no desenvolvimento de suas atividades. Fica claro, entretanto, que essas questões anteriormente apresentadas se impõem do ponto de vista conceitual e representam um roteiro para o desenvolvimento de todo um plano de trabalho. Ainda como condição liminar, é necessário que se examinem os vários relatórios que porventura existam sobre o desenvolvimento do programa e que o avaliador tenha conversas bastante cândidas com os atores responsáveis pela implementação do mesmo.

É extremamente importante, diríamos mesmo ser fundamental, que o avaliador tenha o maior número possível de dados diferenciados sobre a experiência que os alunos estão tendo com o programa posto em ação, ou seja, dados da sua vivência em face de uma nova realidade. Seria de toda conveniência, ainda, que os pais dos alunos fossem também ouvidos, por intermédio de seus representantes no Conselho da Escola ou, se for o caso, na Associação de Pais e Mestres. É claro que, na fase de implementação de um programa, sempre surjam críticas e vozes discordantes ou existam pessoas que não se mostrem entusiasmadas a seu respeito. Também essas devem ser ouvidas e não podem ser de forma alguma esquecidas, porque, possivelmente, poderão dar contribuição valiosa para os avaliadores. É bom reiterarmos que, na avaliação de um programa ou curso, devem ser considerados os padrões fixados para a constatação do progresso que os estudantes estariam tendo em relação ao programa que está sendo desenvolvido e avaliado.

Stake e Pearsol (1981) encarecem a importância de que sejam adotados procedimentos a fim de determinar o impacto do programa nos alunos e que o avaliador, com esse objetivo em mente, concentre os seus esforços e toda a sua atenção em relação aos mesmos. Isoladamente, é de toda conveniência que os alunos sejam submetidos a uma avaliação bem aprofundada, com vistas a positivar as reais aquisições de novos conceitos e a formação de atitudes em decorrência da influência do programa. A avaliação dessas dimensões, estamos certos, é uma atividade bastante complexa e, às vezes, até mesmo impossível. Desse modo, é interessante que o avaliador procure outras pessoas que conhece e possam atuar como observadoras junto às crianças para que verifiquem se as modificações constatadas podem ser realmente atribuídas aos programas. O avaliador precisa estar plenamente consciente de que nem sempre uma simples aula ou até mesmo todo um curso (programa) produz alterações nos participantes que sejam facilmente perceptíveis.

As informações sobre os alunos existentes nos arquivos podem ser (e são) úteis para uma avaliação responsiva (Stake et al., 1981); no entanto, o problema, pelo menos em nosso contexto, está na natureza dessas informações, que muitas vezes não são adequadas para definir o perfil do estudante. São, habitualmente, escores globais (brutos) que não oferecem a caracterização do aluno e representam um dado quase sempre perdido, por não resultarem de uma avaliação analítica do estudante.

Ao final, mostram Stake et al. (1981) que uma avaliação responsiva deve ter elementos suficientes para poder oferecer informações consistentes relacionadas com:

(1) as preocupações ligadas à avaliação do programa e possíveis discordâncias, porque sempre haverá qualquer forma de oposição ao trabalho, ostensivamente ou de forma velada;
(2) as necessidades manifestas pelo conjunto curricular em que o programa está inserido;
(3) a formatação que esse programa deva efetivamente ter;
(4) a possível falta de alternativas para o programa (ou as possíveis alternativas).

É utópico acreditar que, ao término de uma avaliação, todos os pontos inicialmente definidos tenham sido alcançados e respostas conclusivas sejam dadas. Stake (1981), por exemplo, lembra algumas interrogações passíveis de não terem uma resposta cabal e inteiramente satisfatória – quais os principais aspectos instrucionais que diferenciam os novos programas de outros na mesma escola? qual o nível de maturidade (capacitação) para que o aluno tenha sucesso no programa?

Antes da elaboração do relatório final, convém que o avaliador procure analisar as duas questões propostas e identifique, se for o caso, as razões que o impediram de respondê-las, fazendo, inclusive, uma autocrítica e uma análise da influência de seus possíveis vieses. Queremos lembrar que, para chegar à fase de elaboração de um relatório final, o avaliador, segundo a lição bastante clara de Stake et al. (1981), deve ter passado por diferentes etapas:

1º negociar com a parte contratante e/ou agências financiadoras os parâmetros necessários para a realização do estudo;
2º estabelecer os diferentes tópicos ou questões que possam ser objeto de preocupação para os que propõem e/ou financiam a avaliação;
3º participar do contexto em que vai realizar a avaliação e observá-lo;
4º identificar assuntos e aspectos que sejam objeto de controvérsias, a partir de informações levantadas por intermédio de entrevistas e questionários;
5º apresentar, para discussão inicial, os primeiros resultados em um relatório de caráter preliminar;
6º investigar, em profundidade, e o mais amplamente possível, as controvérsias, preocupações e dúvidas que possam existir sobre o programa;
7º identificar elementos que possam entrar em conflito com os dados encontrados, invalidando-os.

O relato de uma avaliação responsiva, como mostra Stake (1981), é feito a partir de respostas levantadas pelo avaliador e que refletem as experiências das pessoas envolvidas com o objeto da avaliação. A descrição apresentada leva em conta as manifestações dos professores, administradores e pessoal técnico sobre a escola, seu currículo, seus alunos e, naturalmente, no caso, o programa avaliado. Ao fazer a descrição operacional do programa, o avaliador utiliza-se das suas observações sobre a interação professor/aluno, transcrevendo alguns dos seus registros mais significativos, inclusive citando manifestações, apreciações dos alunos. Ocorrências verificadas são igualmente registradas para que os próprios leitores do relatório vivenciem a experiência de sala de aula.

A apresentação do programa e seus elementos devem ser analisados com a indicação de pontos negativos e positivos sobre sua organização. O impacto do programa sobre o estudante é importante que seja ressaltado, como faz Stake (1981). Esse impacto não é apresentado em termos de notas/escores, mas descrevendo as experiências vividas pelos próprios alunos e que demonstram a sua compreensão dos principais pontos e conceitos do programa avaliado. Exemplos de trabalhos dos alunos, trechos de relatório de entrevistas, de observações, de manifestações dos professores, e finalmente, de escores e outros aspectos quantificados são elementos que servem para demonstrar em que medida o programa está tendo efetivo impacto. O relatório final também apresenta as dificuldades encontradas na implantação do programa e os elementos adversos que precisaram ser vencidos.

A presença do avaliador na escola visa a observar as atividades e o contexto, registrar e questionar o que está vendo, validar interpretações e relatar as controvérsias que predominam, fazendo tudo isso através das palavras e das imagens do pessoal envolvido na implantação do programa (Stake, 1981). Ao final, é possível que o avaliador não se sinta inteiramente satisfeito, que muitas oportunidades não tenham sido devidamente exploradas, às vezes por razões orçamentárias, que comparações talvez pudessem ser realizadas considerando-se diferentes níveis de escolaridade, mas possivelmente este passo fugisse ao objetivo a que a avaliação se propunha. A avaliação realizada, ainda que apresente aspectos ligados a estudo de caso, não é efetivamente um estudo de caso, tendo em vista que muitos aspectos não foram considerados. A avaliação procurou responder a alguns problemas específicos que foram colocados pelas partes interessadas, assim, o que efetivamente foi feito caracteriza-se como uma avaliação responsiva, lembram Stake et al. (1981) ao final de seu ensaio sobre a metodologia que desenvolveram e pode ser extremamente útil no atual contexto brasileiro. [2] [3] [4].

6.7 Estudo de caso

The purpose of case study is not to represent the world, but to represent the case, diz Stake (1994) em seu magnífico trabalho sobre estudo de caso, definindo com simplicidade, precisão, objetividade e clareza o que a metodologia em questão se propõe a realizar. Outro aspecto que procura esclarecer é que alguns estudos de caso são qualitativos e que outros não se revestem dessa característica, desfazendo, desse modo, a falsa idéia prevalecente em alguns segmentos da avaliação educacional de que todos os estudos de caso devem ser necessariamente qualitativos. O estudo de caso, como uma forma de pesquisa, lembra Stake (1994), é definido por seu interesse em casos individuais e não pelo método de pesquisa utilizado.

O crucial em estudo de caso é de natureza epistemológica, como situa Stake (1994), porque surge a questão: – o que efetivamente se pode apreender a partir de um único caso, simples ou complexo, sobre o qual investigamos em um prazo de tempo curto ou longo? A expressão estudo de caso pode gerar celeuma, como coloca o próprio Stake (1994), tendo em vista que não existe um consenso sobre o que seja caso, além de a palavra estudo se revestir de uma certa ambigüidade. O estudo de caso acaba sendo um processo e um produto da nossa aprendizagem, lembra o mestre de Illinois.

Além do mais, existem diferentes tipos de estudo de caso. O estudo de caso intrínseco tem por objetivo obter melhor compreensão de um caso particular. A sua finalidade, lembra Stake (1994), não é compreender um construto, um fenômeno genérico, construir uma teoria, ainda que, eventualmente, isso possa ocorrer. O estudo resulta de um interesse intrínseco em um aluno, em uma determinada instituição ou em um certo programa curricular. O estudo de caso instrumental visa a possibilitar uma melhor compreensão de um aspecto controverso ou a aprimorar uma teoria. O caso, segundo Stake (1994), em si mesmo tem um interesse secundário, serve de suporte para facilitar a compreensão do que é objeto de interesse. Finalmente, o estudo de caso coletivo é, na verdade, um estudo instrumental que se amplia para vários casos, pois o interesse não se limita à compreensão de um único caso, estuda um certo número de casos para pesquisar fenômenos, populações ou condições gerais.

As três categorias de estudo de caso definidas por Stake (1994) são extremamente úteis do ponto de vista didático, mas nem sempre se ajustam à realidade dos interesses do avaliador. O próprio Stake (1994) mostra que trabalhos de etnógrafos, demógrafos e muitas outras categorias de especialização poderiam ampliar uma possível taxonomia de diferentes tipos de caso, o que, entretanto, foge ao seu interesse imediato.

Stake (1994) mostra que o estudo de caso procura identificar o que é comum e o que é singular em um caso, ainda que muitos estudos de caso acabem apresentando dados sobre a natureza do mesmo, suas origens históricas, seu contexto físico e outros contextos (econômico, político, legal e até mesmo estético), tendo em vista que o caso é uma entidade de natureza complexa, apesar de sua singularidade, e justamente tendo em vista essa complexidade o estudo de caso deve ser de natureza holística.

Os estudos de caso com freqüência tratam de matérias controversas, circunstâncias problemáticas de áreas diversas, que a pesquisa qualitativa não analisa em função de resultados experimentais com o emprego de testes de hipóteses. Ainda que as generalizações não sejam o objetivo da avaliação qualitativa, o avaliador, no estudo de caso, segundo Stake (1994), procura estudar a complexidade dos elementos de modo a que possa fazer generalizações a partir da especificidade de cada caso.

É evidente que o estudo de caso proporciona diferentes elementos que podem levar alguém a aprender a partir de um único caso e, nesse sentido, há quem chegue a falar na possibilidade de uma epistemologia do particular. Acreditamos, como Stake (1994), que um relatório de estudos de caso possa oferecer ao leitor uma experiência vicária, que leva o leitor a aprender o que lhe foi relatado, como se fosse uma experiência vivida por ele próprio. O avaliador, entretanto, nem sempre consegue passar para o seu leitor o significado de muitos acontecimentos, porque são de natureza personalíssima e intransferível. A disseminação dos resultados de estudos de caso é um problema crítico, assinala Stake (1994), considerando que a questão da transferência de conhecimento é um processo extremamente complexo.

Uma outra questão crítica no estudo de caso refere-se à validade das comunicações feitas pelos avaliadores e à possível distorção dos dados e das observações realizados. Essa possibilidade realmente existe, ninguém as nega, mas pode ser superada mediante a triangulação, ou seja, usando-se múltiplas percepções e o envolvimento de vários observadores, a fim de que diferentes significados possam ser esclarecidos. É evidente que a repetição de uma observação não é tarefa fácil, mas é uma forma de verificar o significado das várias formas apresentadas por um fenômeno ao ser estudado.

A maioria dos estudos de caso, observa Stake (1994), procura dar ênfase às descrições e a interpretações personalistas, qualquer que seja a sua orientação – naturalista, etnográfica ou outra qualquer. O fundamental em um estudo de caso é a observação reflexiva e interpretativa para que seja possível identificar o significado de uma variável e suas influências (Stake, 1994). O avaliador, no estudo de caso, especialmente, é atuante, envolve-se e se relaciona de forma a participar de todas as operações relativas ao caso, o que lhe vai possibilitar uma reflexão mais intensa sobre as ocorrências observadas. Nem tudo o avaliador vai poder obter diretamente, daí a necessidade de muitas vezes precisar dedicar parte do seu tempo a entrevistas e a estudo de documentos, comportamentos típicos de avaliação qualitativa, na qual se inclui o estudo de caso. Tudo isso, no estudo de caso, objetiva possibilitar uma melhor compreensão do fenômeno estudado. Ressalte-se que um estudo de caso não procura generalizar (validade externa), o seu ponto central não é fazer generalizações, como acentua Stake (1994), mas compreender o universo avaliado.

Um problema sério no estudo de caso está na seleção do próprio caso a ser avaliado. O avaliador, em certas situações, já tem um caso pré-definido, não o escolhe. Outras vezes, ao avaliador é apresentada uma amostra de problemas para selecionar um único e estudá-lo. É bom lembrar que, na seleção de um caso, faz-se necessário identificar o potencial de informações que esse caso pode fornecer ou, em outras palavras, impõe-se que o caso escolhido nos proporcione uma oportunidade para aprender, que é o objetivo primeiro de um estudo de caso.

Ao nos empenharmos em um estudo de caso, devemos resolver diferentes e complexos problemas, entre os quais o da seleção da amostra. Ainda que em certos casos a amostra já esteja definida, é necessário que o avaliador se preocupe com relação a pessoas, lugares e aos acontecimentos que precisam ser prioritariamente estudados. A seleção da amostra pelo avaliador vai depender da sua experiência e da sua capacidade de intuição (Stake, 1994). O problema da amostragem se complica quando o avaliador, na amostra selecionada, precisa selecionar grupos específicos para observação de um determinado aspecto. Tudo isso pressupõe que, antes de selecionar a amostra, o avaliador discuta o problema com diferentes pessoas e obtenha dados bem definidos, para, então, extrair a amostra, que deve ser, obviamente, representativa para que informações relevantes possam ser obtidas.

O estudo de caso em avaliação educacional é uma metodologia bastante promissora, mas que ainda não foi devidamente explorada, pelo menos com o devido rigor, salvo, naturalmente, as exceções de sempre. A decisão de realizar um estudo de caso implica considerar diferentes aspectos, como mostrou Stake (1994), destacando-se, principalmente:

1. a conceituação do objeto do estudo;
2. a definição da prioridade das questões avaliativas;
3. o estabelecimento de padrões relativos aos dados;
4. a necessidade da triangulação das observações;
5. a escolha de interpretações alternativas a serem investigadas;
6. o desenvolvimento de afirmações sobre o caso, ou, talvez, generalizações.

Se atentarmos para os passos anteriores, aperceber-nos-emos que guardam bastante semelhança com as fases de uma pesquisa qualitativa, entretanto, como ressalta Stake (1994), outros aspectos precisam ser considerados, como, por exemplo, a natureza descritiva dos relatórios e o estabelecimento de comparações com outros estudos de caso, deixando ao leitor o encargo de fazer as suas próprias generalizações, o que nos parece medida prudente. Stake (1994), com o bom senso que sempre demonstra em seus trabalhos teóricos, mostra que o estudo de caso integra a metodologia científica, e que pode ser usado para sugerir problemas para investigação, contribuindo, assim, para maior refinamento do conhecimento.[5] [6].

6.8 NOTAS E COMENTÁRIOS

[1] A amostragem das obras de Stake em língua portuguesa não é representativa, apesar da feliz iniciativa de Goldberg e Souza, que, em obra editada sob sua responsabilidade, traduziram quatro textos bastante sig-

nificativos (1982a; 1982b; 1982c; 1982d), em que nos apoiaremos para apresentar alguns subsídios de Stake em relação a assuntos importantes, que não podem ser ignorados. As traduções de Vianna (1983a; 1983b), constantes da bibliografia, serão utilizadas no corpo do capítulo ou em notas e comentários, eventualmente.

Stake (1982a), partindo de Scriven (1967) e de uma taxonomia elaborada por Worthen e Sanders (1987), faz uma série de colocações a respeito de modelos de avaliação que vale a pena considerar, sobretudo porque nos auxilia na compreensão de muitos aspectos de seu pensamento teórico. Inicialmente, é enfocada a questão da avaliação formativa *x* avaliação somativa, cuja distinção inicial foi feita por Scriven, ao caracterizar os estudos realizados no decorrer da elaboração de um programa (avaliação formativa) e aqueles levados a efeito ao término de um programa (avaliação somativa). Stake (1982a) acha que a distinção entre um e outro tipo de avaliação não é bastante nítida, levando em conta, nas suas palavras, que: *"É evidente que o programa que está sendo criado aumenta dia a dia em número de componentes. É difícil distinguir entre avaliação somativa de um componente concluído e a avaliação formativa de uma parte do programa."* A questão central na avaliação estaria no porquê e não no quando, na visão de Stake, o que nos leva a refletir que ambas as questões nos conduzem à tomada de decisões, mas a decisões diferentes.

O artigo de Stake, traduzido por Goldberg e Souza (1982a), é extremamente rico de idéias que costumam preocupar avaliadores e pesquisadores no seus problemas cotidianos: avaliação oficial x avaliação oficiosa; análise do caso particular x generalização; avaliação de processo x produto; descrição x julgamento; avaliação pré-determinada x avaliação reacional; avaliação global x avaliação analítica, aspectos que, em diferentes momentos, foram considerados ainda que ligeiramente, e constituíram objeto de nossa preocupação no decorrer do presente trabalho.

Ao fazermos estas reflexões, sem dúvida inspiradas no texto de Stake (1982a), não podemos fugir ao momento existencial, quando indagações surgem diante do contraste entre avaliação interna *x* avaliação externa. A avaliação interna é realizada pelo pessoal integrante da instituição interessada na avaliação, por avaliadores que integram os quadros institucionais, e que à instituição estão ligados funcionalmente. É uma avaliação pré-determinada quase sempre, é uma avaliação oficial. O oposto, uma avaliação realizada por investigadores estranhos à instituição ou ao projeto, seria uma avaliação externa. Em princípio, sim, porque, muitas vezes, a parte contratante exerce pressões sobre a contratada (avaliador), impondo seus objetivos, estabelecendo suas diretrizes, controlando procedimentos e outros aspectos que desfiguram inteiramente a avaliação, que, desse modo, perde o seu caráter externo. Stake (1982a) diz que "*uma avaliação interna provavelmente será mais formativa do que somativa.*" Uma palavra – provavelmente – salvou a afirmação, que deve ser compreendida no contexto norte-americano, não sendo possivelmente verdadeiro em nosso meio, no qual, predominantemente, as avaliações internas e pseudo-externas são somativas.

Stake (1982d), considerando a divergência de posição doutrinária entre os avaliadores, propôs a eminentes personalidades na área da avaliação educacional[1] um conjunto de perguntas sobre aspectos fundamentais. O nosso objetivo não se centra na análise dessas respostas, que foram feitas de forma lúcida e inteligente, como seria de prever, mas apresentar o nosso posicionamento pessoal em relação a cada uma delas: 1) liberdade do avaliador na escolha da metodologia para realizar o estudo avaliativo, 2) realização de pesquisa básica no decorrer de uma avaliação, 3) limitações ao direito de divulgação dos resultados da avaliação em revistas especializadas, 4) problemas éticos em avaliação e a questão da confidencialidade, 5) a questão das conclusões apresentadas pelo avaliador no seu relatório, 6) os possíveis desvirtuamentos das conclusões do avaliador, e, finalmente, 7) procedimentos e cautelas a adotar ao aceitar um projeto de avaliação.

1) A questão da liberdade em avaliação precisa ser examinada com bastante cautela, para que problemas não acabem por invalidar o projeto. É necessário lembrar, inicialmente, que há limitações à liberdade, que são decorrentes de normas estabelecidas pela própria sociedade. Na avaliação, o avaliador é livre para escolher a metodologia adequada, os tratamentos estatísticos que se fizerem necessários. É livre, também, para deixá-los de utilizar, se sua abordagem não exigir o seu emprego, e é livre para recusar um projeto se influências estranhas desejarem impor seu suposto *know-how*.

Outro aspecto a considerar no âmbito da liberdade do avaliador está no fato de que o seu poder decisório não é individual e personalíssimo, mas resulta, freqüentemente, da confluência de diferentes manifestações, especialmente dos vários públicos. Um projeto da avaliação implica negociações entre partes diversas, que afetam os graus de liberdade de que dispõe o avaliador. A liberdade do avaliador não deve constituir um elemento de pressão para impor decisões pessoais. Um projeto de avaliação resulta de um consenso entre várias partes, com interesses diversos, às vezes inicialmente conflitantes. Se o avaliador não concordar com os termos aceitos pela maioria, resta-lhe o direito que lhe assiste de ter a liberdade de recusar o

(1) M. Alkin, D. Campbell, D. Cohen, D. Hamilton, W Harlen, E. House, M. Levine, T Owens, M. Parlett, M. Provus, R. Rippey, R. Stake, J. Stanley, D. Stufflebeam, A. Thomas e R Tyler (In. Stake, 1982d).

projeto ou dar ao mesmo a continuidade desejada, e neste caso ainda dispõe da liberdade de demitir-se, por uma questão de coerência.

2) A realização de uma pesquisa básica simultaneamente com um projeto de avaliação é um assunto que merece reflexão. Em princípio, essa pesquisa não deve ser realizada, porque, muito possivelmente, não é de interesse da instituição patrocinadora e quase nunca é da parte da clientela que está interessada em respostas específicas. Por outro lado, a realização de uma pesquisa básica no decorrer da própria avaliação determinará, sem sombra de dúvida, o afastamento do avaliador dos seus interesses imediatos, perdendo-se, possivelmente, no mundo das conjecturas.

É preciso ficar claro que a realização de pesquisas básicas é fundamental para o desenvolvimento de qualquer campo científico; contudo, no campo da avaliação, faz-se necessário constatar se essa pesquisa trará alguma contribuição metodológica e possibilitará encaminhar e solucionar problemas educacionais de relevância, ou se representará apenas uma especulação teórico-abstrata. No primeiro caso, sem dúvida, a pesquisa deverá ser realizada; no segundo, poderá ser adiada para um outro momento mais adequado. O certo, porém, é que uma instituição que se dedica à avaliação deve necessariamente possuir um *staff* com suficiente *expertise* para realizar pesquisas sobre assuntos que muitas vezes esclarecem pontos obscuros que a avaliação não consegue deslindar, ao mesmo tempo que contribui para o aumento do acervo de conhecimentos.

3) Parece-nos que o avaliador deva ter o direito de divulgar os resultados de sua avaliação em artigos e livros. É necessário, entretanto, que tenha cautela e não divulgue elementos que devam ficar restritos à instituição – é preciso muitas vezes usar de bom senso –, o que não quer dizer que a instituição interessada na pesquisa de avaliação tenha o direito irrestrito de dizer o que deve ou não deve ser publicado. A questão deve ser amplamente discutida, constituindo tópico específico do contrato de locação de serviços, a fim de evitar questões que possam ter implicações jurídicas. A questão não deve ser posta em termos de censura. Certas informações, por questões éticas, são de propriedade exclusiva da instituição; outras, ao contrário, precisam ser do domínio público, sem sombra de dúvida, e merecem ser divulgadas.

4) Há ocasiões em que o avaliador age de acordo com a sua consciência, quando se trata de problemas éticos que não admitem invocar questões de confidencialidade. É um momento de decisão personalíssima, porque, ainda que o trabalho do avaliador seja em aberto, é preciso que o avaliador decida sobre a conveniência da divulgação dos resultados, especialmente quando estes ainda não refletem conclusões finais. A divulgação

seria, portanto, prematura. As avaliações não devem ser sigilosas, verdadeiros segredos de estado. Os resultados parcelados ou finais de uma avaliação devem ser divulgados. Uma coisa, no entanto, é certa, não se deve, sob o pretexto de escrúpulos de consciência, sonegar informações que são importantes para a compreensão do fenômeno avaliado.

5) As conclusões do avaliador muitas vezes são ignoradas, o que é lamentável, mas essa é a realidade. Não se pode impor nem mesmo à instituição que concorde com as conclusões do avaliador. O assunto é preocupante, mas, quando se considera a linha de Stufflebeam, não se pode deixar de admitir que a avaliação deve ter descrições e julgamentos para a tomada de decisões. Um relatório meramente conclusivo corre o risco de ser recusado ou, o que é pior, inteiramente ignorado. Parece-nos, portanto, que o avaliador deva saber apresentar seus resultados de forma que não sejam impositivos, mas ofereça à instituição contratante, à clientela interessada, todo um conjunto de elementos indispensáveis para um julgamento sobre o problema que foi avaliado.

6) O desvirtuamento das informações de uma avaliação é algo que não se consegue impedir e contribui para que seus dados sejam ignorados ou desacreditados. Haja vista a ocorrência com a divulgação do relatório IAEP-92 – *International Assessment of Educational Progress*, que foi feita indevidamente apresentado por revistas não especializadas, a partir de um simples *press-release*, gerando informações sem respaldo nos dados da avaliação, especialmente no relativo ao Brasil. A mídia, com grande freqüência, ao informar acaba por deformar. Uma vez deformadas as informações, é praticamente impossível restaurar a verdade dos fatos. O importante, portanto, é que o relatório final não ofereça condições de censura e nem possibilite alterações no seu conteúdo, mesmo sabendo que, por mais cuidadoso que esse relatório seja, haverá interpretações as mais diversas, o que é inevitável.

7) Um procedimento recomendável, se houver uma tradição de avaliação, é conhecer a memória escrita e não-escrita de projetos anteriores. Saber um pouco da história é uma forma de tomar cautelas para que os mesmos não se repitam. Uma conversa com outros avaliadores parece-me extremamente útil, assim como um diálogo permanente com a instituição interessada na avaliação também é fundamental. Esta conversa é de suma importância porque define todas as condições, estabelecem-se todos os acertos necessários ao trabalho. Sem um entendimento entre todas as partes – instituição, avaliador, pais, professores e alunos – uma avaliação bem sucedida é inviável.

[2] Há uma grande rarefação de estudos qualitativos, mesmo em países com ampla tradição de pesquisa e avaliação. Isto resulta em parte da cren-

ça, aliás falsa, de que as pesquisas e avaliações educacionais devam ser isentas de subjetividade. Stake (1982b) procurou demonstrar que há lugar para a subjetividade tanto na pesquisa como na avaliação, estabelecendo com esse objetivo o seu posicionamento em relação aos dados da pesquisa e/ou avaliação e aos procedimentos metodológicos. Mostra, dessa forma, que os dados da pesquisa/avaliação devem provir de experiências pessoais, e os procedimentos metodológicos basearem-se na observação participante. O problema está, na visão de Stake (1982b), em saber escolher bons métodos de observação e interpretação subjetiva, razão pela qual nem sempre os relatórios de pesquisa naturalista se apresentam como de boa qualidade. Além do mais, o controle de possíveis vieses é uma tarefa árdua, ainda que não impossível.

Outro problema está em nos aproximarmos da realidade do fenômeno estudado, o que é possível apesar da subjetividade da observação, enquanto a objetividade dos procedimentos pode nos afastar da real dimensão do que está sendo estudado e pesquisado. A questão crucial não está, portanto, no subjetivo x objetivo, no qualitativo x quantitativo, ambos têm seu lugar na pesquisa/avaliação educacional, observa com justa razão Stake (1982b). O que importa não é tanto a precisão (fidedignidade), mas o significado (validade), em que pese a procura quase obsessiva de muitas avaliações em demonstrarem que seus resultados são precisos, fidedignos e confiáveis. A pesquisa ou avaliação na perspectiva qualitativa procura muito mais que a precisão dos dados. Na verdade, busca captar a realidade de um fenômeno, suas múltiplas dimensões e seu valor. O julgamento de valor é sempre subjetivo. Stake (1982b) lembra muito bem que "*O julgamento subjetivo constitui parte central e essencial do ato avaliativo. Não apenas o programa (ou outra entidade qualquer) deve ser julgada em termos de suas excelências e deficiências. Também seus resultados. seus custos. seus processos e outras propriedades devem ser submetidas a uma revisão valorativa*".

Julgamos que o problema da subjetividade x objetividade é uma questão de crença (fé docimológica, digamos). Se acreditamos na significância estatística (ou não significância) da diferença de duas médias ou na significância de F (ou não significância) na análise da variância das médias de diferentes variáveis, medidas com um instrumento que julgamos (acreditamos) proporcionar resultados precisos, ainda que não tenhamos certeza, por que, então, não acreditar, também, em uma análise subjetiva, em uma introspecção ou em um *insight* que nos permite compreender o sentido, a razão de ser, o valor de um determinado fenômeno avaliado? A dedução não invalida a indução; o empírico objetivo não exclui o subjetivo. Às vezes, o alcance da verdade independe de uma estrutura rígida, supostamente científica.

[3] Scriven (1967) faz uma distinção entre avaliação formativa e avaliação somativa, conforme apresentação anterior. A distinção é realmente significativa, contudo não é suficiente, propondo Stake (1983) que se faça, também, uma diferença entre estudos de avaliação preordenada e estudos de avaliação responsiva. É necessário destacar, inicialmente, que existem diferentes formas de avaliar programas, mas que não existe a melhor. Algumas avaliações recomendadas em uma determinada situação não respondem às perguntas de diferentes clientelas possíveis em outras situações. Existem diferentes modelos de avaliação, entretanto, Stake (1983) deixa bem claro que, qualquer que sejam os modelos adotados para a avaliação, sempre deixam de destacar algum aspecto que é realmente importante para a compreensão em profundidade daquilo que se está avaliando; desse modo, Stake declara-se inclinado a preferir planejamentos de avaliação que desempenhem um serviço determinado e ofereçam respostas úteis a grupos específicos de pessoas interessadas.

A avaliação responsiva é proposta por Stake (1983) como sendo a que melhor se adapta à realização de serviços específicos e a que permite considerar aspectos controversos que precisam ser analisados. A proposta responsiva talvez sacrifique um pouco a fidedignidade das medidas, mas, em compensação, aumentaria a utilidade das informações. Voltamos, assim, ao início do presente comentário. A avaliação preordenada preocupa-se com a apresentação de objetivos, usa testes objetivos, destaca padrões estabelecidos pelos programas e apresenta relatórios bem semelhantes aos de uma pesquisa. A avaliação responsiva supera formalismos de comunicação, prefere um relacionamento mais natural com a clientela interessada. Stake (1983) reconhece que a avaliação responsiva não é uma abordagem nova, mas, ao longo dos tempos, por força de sua subjetividade, vem encontrando resistências à sua utilização; contudo, o problema pode ser superado (ver comentário 2), usando-se métodos adequados de observação por diferentes pessoas e sua triangulação.

Uma avaliação é responsiva na medida em que seu desenvolvimento procura:

1 concentrar-se com especial ênfase nas atividades do programa e não exclusivamente nas suas intenções;
2. coletar o máximo possível de informações para atender aos reclamos da audiência a que se destina;
3. apresenta diferentes perspectivas de valor que procuram traduzir o sucesso ou fracasso do programa.

A fim de realizar uma avaliação responsiva, um elenco de providências deve ser estabelecido, segundo a orientação de Stake (1983):

1. elaborar um plano detalhado de observações;
2. selecionar pessoas qualificadas para realizar as observações;
3. preparar, com auxílio dos observadores, para rápidas apresentações, diferentes relatos, gráficos etc;
4. procurar identificar o que é mais importante para os vários tipos de audiência e coletar expressões de indivíduos que apresentem pontos de vista discordantes;
5. verificar a qualidade dos registros apresentados pelos observadores e verificar junto aos participantes do programa como reagem às descrições; e
6. identificar pessoas com experiência na área e coletar sua reação à importância dos elementos encontrados; ao mesmo tempo, procurar estabelecer a reação da audiência a que os dados se destinam, procurando estabelecer a sua relevância.

A avaliação responsiva procura interagir informalmente e registrar as ações e reações dos que se acham envolvidos no processo de avaliação, procurando assegurar o máximo de fidedignidade na comunicação com os vários tipos de audiência. Ao final, um relatório pode ser apresentado ou não, em função do que foi estabelecido inicialmente entre as partes.

Acreditamos, como Stake (1983), que o avaliador se deva questionar sobre as razões que determinaram a avaliação e, assim, concentrar sua atenção no programa, observando sucessos e insucessos, para, então, propor questões e critérios, sem se impressionar com objetivos pré-definidos e a elaboração a priori de instrumentos para coleta de informações, ou seja, preocupar-se com aspectos instrumentais da educação, sem dúvida importantes, mas que não devem suplantar os valores intrínsecos da observação.

Ouvir e saber ouvir é um dos aspectos mais importantes da avaliação responsiva. É através de conversas que o avaliador começa a identificar os problemas, diz-nos Stake (1983), ou problemas em potencial. Assim, a avaliação responsiva parte de problemas que, na realidade, refletem a complexidade do fenômeno educacional. Os problemas oferecem uma perspectiva para, numa avaliação responsiva, estabelecer discussões, orientar observações sistemáticas, realizar entrevistas, e se for o caso, definir instrumentos de mensuração.

Stake (1967) representou uma *matrix* no artigo *The Countenance of Educational Evaluation* que apresenta treze categorias de informações que não mostram grande diferença das que ofereceram, por exemplo, Stufflebeam (1971) e Provus (1971). Fica evidente nos três casos citados que o importante é coletar informações a partir de fontes independentes e confiáveis.

Uma avaliação responsiva não é feita por fases, porque muitos de seus aspectos são recorrentes, como mostra o planejamento de Stake (1985).

As 12 etapas da sua planificação podem seguir no sentido horário, anti-horário e até mesmo transorário: – conversar com clientes e organizadores dos programas; identificar escopo do programa; rever atividades do programa; descobrir propósitos e preocupações; conceituar problemas; identificar necessidade de dados; selecionar observadores, juízes e instrumentos, se necessários; observar antecedentes, interações e resultados; preparar descrições, estudos de caso; validar, confirmar, tentar desconfirmar; informações para as várias audiências; relatórios formais, se for o caso. Estas etapas são às vezes apresentadas sob a forma circular, para facilitar a percepção do todo; no entanto, como mostra Stake, muitos desses acontecimentos são simultâneos, devendo o avaliador, se necessário, voltar a eventos anteriores sempre que a situação exigir.

[4] A realização de avaliações de forma intensiva, como ocorreu na década de 60 no contexto americano, nem sempre trouxe os resultados esperados. Uma atitude crítica em relação à produção supostamente científica fez-se necessária. Guba, por exemplo, em vários momentos de seus trabalhos, adotou uma posição bastante crítica e pôs em dúvida o valor dessas avaliações, realizadas após 1965, que se preocupavam apenas com o produto e nem sempre forneciam dados indispensáveis às decisões para a reformulação ou interrupção de programas educacionais.

Guba e Lincoln, em *Effective Evaluation* (1981), analisam com acuidade a maioria dos problemas ligados à avaliação educacional. Quanto à grande diversidade de modelos, nem sempre relevantes, depois de compará-los, mostram que entre eles há algo importante, possivelmente a única coisa que têm em comum, a idéia de que a avaliação deve preocupar-se em determinar o valor daquilo que está sendo avaliado, como no caso dos programas educacionais.

As pesquisas quantitativas nem sempre satisfizeram a um número expressivo de educadores, levando-os à procura de diferentes alternativas; desse modo, trabalhos qualitativos e naturalistas, que nos anos 60 nem sempre foram aceitos com tranqüilidade no mundo acadêmico, passaram a usufruir de um maior prestígio a partir da década de 70, graças à reação surgida em diferentes momentos por elementos expressivos no mundo da educação. Stake (1967), Parlett e Hamilton (1976), Eisner (1978), e Guba e Lincoln (1981), entre outros avaliadores, preocupados com questões metodológicas, passaram a dar maior destaque à análise indutiva, à descrição e ao estudo das percepções das pessoas (julgamentos) sobre fenômenos educacionais. O posicionamento de Guba e Lincoln em relação ao quantitativo e ao qualitativo não é extremado (1981), acreditam que uma certa complementariedade possa existir entre os dois paradigmas, ainda que suas posições sejam bastante claras em relação à avaliação qualitativa. Aliás, uma distinção inflexível entre os dois métodos era um dos dogmas do positivismo lógico, conforme H. R. Howe, citado por Worthen e Sanders (1987).

Ao nos situarmos em relação à abordagem naturalista da avaliação educacional, não podemos deixar de reconhecer que Stake (1967), com o seu ensaio – *The Countenance of Educational Evaluation* – apresentou a primeira reação teórica significativa, valorizando o julgamento dos avaliadores no processo de avaliação, o que veio a influir grandemente nas novas abordagens que posteriormente surgiram, quase sempre contrárias ao objetivismo e ao mecanismo dos modelos que então dominavam a avaliação educacional. Guba adota uma posição contrária à abordagem racionalista e, juntamente com Yvonna Lincoln (1981), ao fazer uma revisão crítica dos principais modelos em avaliação educacional, acaba por rejeitá-los, excetuando a proposta de avaliação responsiva de Stake. Guba e Lincoln (1981) incorporaram a avaliação responsiva de Stake à avaliação naturalista, que julgam superior às demais abordagens existentes. Assim o fazem porque acreditam que a avaliação responsiva possa englobar todos os outros modelos, sendo uma abordagem mais flexível para responder aos interesses de diferentes grupos.

A questão da abordagem naturalista foi apresentada por diversos teóricos, entretanto, coube a Guba, no final da década de 70, mostrar de forma mais completa as suas vantagens na área educacional. Guba fez, inicialmente, uma análise comparativa entre pesquisa naturalista, com base na fenomenologia e na etnografia, e a pesquisa realizada com fundamento no paradigma positivista experimental. A partir desse confronto, iniciou, realmente, a metodologia naturalista. Guba e Lincoln (1981), após estabelecerem as ligações entre a avaliação responsiva delineada por Stake e a naturalista, apresentaram a descrição dos procedimentos para a realização dessa abordagem, trabalho que desenvolveram com extrema competência em obra posterior – *Naturalistic Inquiry* (1985), fundamental para o dimensionamento e a realização da avaliação segundo esta nova abordagem.

Quando consideraram a avaliação, Guba e Lincoln (1981, 1985) destacaram que sua principal função consistiria em dar respostas às informações solicitadas por vários tipos de clientela, devendo levar em consideração as diversas perspectivas de valor dos seus membros. Ao adotar uma abordagem naturalista o avaliador analisa uma determinada atividade *in loco*, sem manipulações ou controle. O avaliador nessa posição desempenharia o papel de quem aprende a partir daqueles que são estudados, os informantes, no dizer de Guba e Lincoln (1985). O que o avaliador aprende? Aprende conceitos que descrevem o mundo, aprende a usar as definições desses conceitos, aprende a traduzir o mundo dos informantes para que possa, assim, compreendê-lo.

A avaliação naturalista, na perspectiva de Guba e Lincoln (1981, 1985), preocupa-se mais com a credibilidade dos seus achados do que propriamente com a sua validade interna, usando para estabelecer essa credibilidade os métodos da checagem cruzada e da triangulação com o objetivo de confirmar os dados encontrados. A adequação dos dados, mais do que a sua validade externa, é outra preocupação da abordagem naturalista, quando se trata de realizar uma avaliação em outros contextos ou em outros sujeitos (Guba e Lincoln, 1981).

O avaliador naturalista, no caso de uma preocupação maior com a consistência dos dados da avaliação, concentra-se mais na sua auditoria do que na fidedignidade, sendo aquela característica obtida por intermédio da atuação de um segundo grupo de avaliadores que fariam a revisão de toda a documentação e da fundamentação dos raciocínios subjacentes à avaliação. O avaliador, dessa forma, poderia verificar a concordância dos seus dados com os que foram determinados pelo grupo de auditoria. Ainda na pesquisa naturalista, a preocupação do avaliador não estaria na neutralidade da avaliação, mas na possibilidade de confirmação dos resultados. Sua meta não é, pois, a objetividade, como na avaliação quantitativa. Os dados da avaliação naturalista devem ser, segundo a lógica dessa abordagem, factuais e confirmáveis.

O pesquisador/avaliador naturalista, ao coletar seus dados, procura determinados tipos de informação (Guba e Lincoln, 1981), que podem ser resumidos da seguinte forma:

1. informações descritivas sobre o objeto da avaliação e seu contexto;
2. informação responsiva às indagações, documentando-as, procurando relações de causa e efeito, e identificando possíveis ações a empreender;
3. informação responsiva aos problemas, esclarecendo-os e identificando possíveis linhas de ação para resolvê-lo;
4. informações sobre valores (esclarecendo-os, procurando encontrar suas fontes e até que ponto são os mesmos convincentes);
5. informação sobre padrões a serem usados na avaliação (identificando critérios, expectativas e necessidades).

Usando entrevistas, observações, referências não-verbais, documentos, registros, e medidas não-obstaculizantes (*unobtrusives*), anotações de campo e o registro das fontes, o avaliador, empregando a descrição como uma técnica de registro (Guba e Lincoln, 1981), faz o levantamento das informações para, numa fase posterior, apresentar a descrição final da globalidade dos dados coletados.

A introdução da metodologia naturalista provocou reações críticas que a julgaram inconsistente nos seus fundamentos e de difícil uso no exercício prático da avaliação educacional. As contracríticas, por sua vez, procuraram demonstrar a superioridade da abordagem responsiva/naturalista e sua maior flexibilidade relativamente às demais abordagens, que, inclusive, admitiria a possibilidade de ser usada com outras metodologias, para a avaliação de aspectos específicos.

A avaliação naturalista, sem sombra de dúvida, deu maior relevo ao elemento humano, e passou a direcionar a visão do avaliador para determinados aspectos que não são considerados na avaliação objetiva. Os usuários da avaliação responsiva/naturalista ou de outras metodologias participativas vêem a educação como uma atividade humana extremamente complexa e tentam refletir sobre essa complexidade a fim de extrair dessa reflexão o máximo de elementos explicativos sobre o objeto (fenômeno) estudado. A possibilidade de novos *insights* talvez seja um dos grandes méritos da avaliação responsiva/naturalista. O advento dessa metodologia trouxe, como decorrência, o desenvolvimento de novas técnicas de coleta de dados em relação a elementos menos tangíveis de aspectos diversos dos seres humanos (Guba e Lincoln, 1981, 1985; Stake, 1967; Worthen e Sanders, 1973, 1987).

A questão da subjetividade como argumento contrário a esse tipo de abordagem ficou definitivamente esclarecido por Guba e Lincoln (1981), sendo uma restrição – a subjetividade – igualmente aplicável a abordagens que têm uma orientação objetivista. As críticas à supervalorização da observação e às análises baseadas em perspectivas individuais, assim como ao fato de a pesquisa naturalista apresentar pouco ou mesmo nenhum interesse pelo emprego de instrumentos de medida ou no uso de dados de grupo, constituem os pontos centrais do ataque por parte dos que seguem abordagens não-subjetivistas.

Achamos que os argumentos contrários à avaliação responsiva / naturalista possam ser adequadamente respondidos, como efetivamente já o foram por diversos especialistas na área (Guba e Lincoln, 1981). A subjetividade das formulações, argumento maior contra a avaliação naturalista, não nos impressiona e nem preocupa. O que constitui real preocupação para nós é a possibilidade de improvisação de falsas abordagens naturalistas em nosso contexto educacional. Queremos explicitar que muitos desses improvisados avaliadores usam a Fenomenologia sem nunca terem tido um trato mais íntimo com o pensamento dos que a desenvolveram; ou, então, usam ou pretendem usar o método etnográfico sem o conhecimento de trabalhos fundamentais. A improvisação parece-nos, ao lado da tendência a digressões filosóficas pouco coerentes, o grande problema. Outros aspectos da pesquisa responsiva/naturalista, como, por exemplo, seus altos custos e o longo tempo de execução que costuma demandar, são questões menores e perfeitamente controláveis.

[5] O estudo de caso é um exemplo bastante comum de avaliação/pesquisa naturalista. A metodologia empregada para a sua concretização é muitas vezes chamada de qualitativa, ou etnográfica ou fenomenológica. Stake (1983b) destaca que essas palavras significam diferentes coisas, entretanto, globalmente, estão procurando destacar a singularidade e a contextualidade de cada situação educacional. Apesar de amplamente utilizado em diferentes áreas científicas, o estudo de caso não vem recebendo o merecido destaque em educação, como lembra Lüdke (1983).

A metodologia de estudo de caso na área educacional recebeu um grande avanço a partir do final da década de 70, graças, especialmente, à contribuição teórica e aos trabalhos realizados por Robert E. Stake, bastando lembrar o seu artigo seminal – *The Case Study Method in Social Inquiry* –, citado por Lüdke (1983), e a obra conjunta – *Case Studies in Science Education* –, realizada para a *National Science Foundation* (NSF), em 1978, trabalho que sem dúvida constitui um marco na avaliação educacional.

Ao comentar o trabalho de Stake (1983b), Lüdke (1983), com a sua experiência em pesquisas qualitativas, consegue sintetizar com rara felicidade o que vem a ser o estudo de caso, ao escrever que essa metodologia *"procura retratar, naturalmente, a realidade do fenômeno educacional em sua inteireza, sem depender muito de artifícios analíticos utilizados por outros métodos mais tradicionais da investigação científica. No esforço de retratar a realidade, o pesquisador dela procura se aproximar ao máximo, tanto pela sua maneira de agir durante o estudo, como pelo relato final. Este deverá ser um discurso menos acadêmico, mais natural, coloquial, para que as pessoas envolvidas possam não só se encontrar e se reconhecer no estudo como também encontrar contribuições para um melhor equacionamento dos problemas em questão"*

Stake (1983b), ao considerar o estudo de caso, chama a atenção para o fato de que o mesmo pode ser conceituado em termos de limites do caso, problemas do estudo e padrões dos dados. O contraste entre a teoria e a realidade a ser avaliada ou pesquisada cria uma situação desafiante que o avaliador precisa superar. Stake (1983b) sugeriu aqueles três elementos básicos para a concretização efetiva de um estudo de caso:

1º estabelecimento de limites rigorosos para o caso;
2º definição dos problemas ou questões básicas para o estudo;
3º e a busca de padrões emergentes dos dados.

O avaliador (ou pesquisador), sempre dentro da linha estabelecida por Stake (1983b), *"precisa especificar o caso a ser estudado, o que geralmente é uma tarefa difícil", "o que é e o que não é incluído no caso?"* Ou seja, o limite que circunscreve o próprio caso. Stake (1983b) chama a atenção para o seguinte: *"Os limites, mais talvez do que as tendências centrais, ... merecem maior atenção, pois muito do significado do caso é encontrado em suas extremidades, tendo em vista a influência especialmente exercida pelos elementos circundantes, por seu contexto. Os limites são freqüentemente variáveis e indistintos.... A reflexão sobre os limites auxilia-nos a progredir na compreensão do caso."*

A questão do estabelecimento de limites provoca inúmeras indagações, como, por exemplo, as que foram propostas por Lüdke (1983): – *"Como... estabelecer limites para o caso que assegurem ao mesmo tempo sua exeqüibilidade e sua validade aos olhos da comunidade acadêmica? Que critérios devem ser usados para pensar e justificar esses limites? Devem prevalecer as questões de custo, duração, disponibilidade de pessoal, ou as de interesse científico mais específico? Quem deve ser ouvido na tomada de decisões sobre os limites do caso: – os envolvidos no estudo ou os que o financiam? Em que ordem? Como estabelecer uma equação satisfatória entre o desejado e o possível, sem comprometer o interesse científico?"* A questão dos limites a serem definidos é realmente complexa, mostrando, por outro lado, a necessidade de *expertise* e vivência da realidade para levar a efeito um estudo de caso.

Uma pergunta nos ocorre de imediato: por que Stake procurou chamar a atenção, dando bastante destaque, sobre a questão de limites, problemas e padrões em estudos de caso? O próprio Stake (1983b) esclareceu a sua preocupação ao escrever que é preciso trabalhar *"no sentido de estabelecer meios mais efetivos de provar a complexidade e a contextualidade dos fenômenos educacionais. Ainda que, atualmente, muita coisa fique para a intuição – não obstante seja a intuição um ingrediente essencial à pesquisa naturalista –, continuamos a pesquisar rotinas que farão esses métodos mais seguros".*

Uma avaliação ou pesquisa apresenta problemas que precisam ser solucionados. Stake (1983b) diz: *"A palavra problema lembra-nos de que os assuntos ou questões para indagações possuem componentes de valor e são potencialmente contenciosos". "Freqüentemente, identifico problemas que 'influenciam' a instrumentalidade de uma determinada decisão...". "O número de problemas aumenta com o desenvolvimento do estudo e na medida em que os assuntos apresentam diversos níveis de importância."*

A procura de padrões nos dados merece da parte de Stake (1983b) algumas considerações sobre as quais o avaliador, ou o pesquisador, deve refletir ao realizar um estudo de caso: *"a palavra 'padrões' deve ser entendida como configurações recorrentes. Em estudos mais quantitativos, são chamados de 'covariações' ou 'tendências cíclicas'. Padrões são regularidades que nos possibilitam um discernimento sobre a natureza do problema".*

Os dois últimos aspectos-chaves do estudo de caso: definição dos problemas e a busca de problemas emergentes dos dados constituem aspectos que somente podem ser dimensionados adequadamente se o avaliador (ou o pesquisador) se valer da experiência já adquirida no campo da sociologia e da etnografia, áreas de conhecimento que desenvolveram e aprofundaram metodologias qualitativas para a análise e a compreensão de fenômenos sociais, entre os quais podem ser incluídos os educacionais. Lüdke (1983), com justa razão, argumenta que *"Urge superar o falso conflito entre análises quantitativas e qualitativas, e desenvolver métodos que realmente procurem responder às necessidades sentidas pelos que trabalham em educação e querem melhorá-la. O estudo de caso será certamente um desses métodos."*

Não se pode esquecer, como reitera Lüdke (1983), em diferentes momentos de sua discussão sobre o artigo de Stake (1983b), que o estudo de caso *"privilegia o enfoque do todo, em detrimento de variáveis preestabelecidas; assume a importância da subjetividade para o conhecimento científico, estimula mais o desenvolvimento de padrões sugeridos pelos próprios dados, do que a testagem de hipóteses pré-fixadas"*. E mais adiante, no mesmo trabalho, Lüdke (1983) volta ao assunto, colocando o problema de maneira enfática, mas com bastante clareza: *"Ao privilegiar a visão do todo e estimular o uso da interpretação pessoal, o estudo de caso permite ao pesquisador ir além do que a simples apresentação de dados numéricos permitiria. O pesquisador é instado a integrar esses dados numa perspectiva muito mais ampla, composta por sua própria experiência em educação e o contexto onde o caso se situa. Sua prática educacional e seu conhecimento de teoria educativa, aliados à sua capacidade de interpretação e à habilidade de comunicação serão integrados na elaboração de um quadro coerente a respeito de uma determinada instância da realidade educacional. Esta não será apenas representada por um conjunto de tabelas, com dados significativos ou não, mas um relato que, embora de cunho pessoal, se preocupará em transmitir uma imagem total do fenômeno estudado. O leitor receberá o relato e a interpretação desse fenômeno e naturalmente acrescentará suas próprias interpretações."*

[6] Há uma concordância, sem sombra de dúvida, de que a metodologia do estudo de caso é perfeitamente adequada para trabalhos na área das ciências do homem, inclusive na educação. Voltamos, entretanto, novamente, a enfocar a principal restrição feita à metodologia, que, segundo a manifestação de alguns, não permitiria generalizações. Ainda que o assunto já tenha sido anteriormente abordado, a ele voltamos, tendo em vista a sua importância, reiterando a nossa posição.

Stake, In: Madaus et al. (1993), propõe-se a mostrar que o estudo de caso, como metodologia da pesquisa, está epistemologicamente em perfeita harmonia com a experiência do leitor e é a partir dessa experiência que realiza suas generalizações, quando for o caso. As pesquisas/avaliações são realizadas visando a que as pessoas aumentem a sua compreensão a respeito de algo (um ser, um fenômeno, um objeto). Essa compreensão resulta de uma experiência que tanto pode ser direta ou vicária (indireta). Assim, segundo Stake (1993), uma maneira eficaz de proporcionar uma melhor compreensão é por intermédio de palavras e exemplos que traduzam uma experiência natural adquirida pelo envolvimento pessoal na situação. A partir de W. Dilthey, citado por Stake (1993), nem sempre o objetivo e o "científico" são o melhor meio de levar o homem à compreensão de si mesmo. O somatório de suas experiências permite uma compreensão e um saber que levam o homem a compreender a si mesmo e aos outros; desse modo, o estudo do homem se baseia nas relações entre experiências vividas, expressão e compreensão.

Stake (In: Madaus et al. 1993) faz uma distinção entre conhecimento proposicional, – composto de afirmações que podem ser compartilhadas e que para a maioria das pessoas decorre da observação de objetos e acontecimentos –, e conhecimento tácito, que também envolve objetos e acontecimentos, mas resulta da experiência com os mesmos, e do pensamento reiterado sobre os objetos e acontecimentos. Através da sua racionalidade, o homem observa a si mesmo, mas o conhecimento de si mesmo decorre da sua consciência. O conhecimento tácito inclui associações que nem sempre podem ser expressas, mas que dão origem a novos significados e idéias. A maior parte do nosso conhecimento, e com o qual criamos novas formas de compreensão, argumenta Stake a partir da filosofia do espírito de Dilthey, é o conhecimento tácito.

A questão da generalização, por intermédio de estudo de caso, é posta por Stake (1993) nos seguintes termos: ela se desenvolve como produto da experiência, a partir do conhecimento tácito, e geralmente nunca são predições. A generalização conduz à ação e dela é inseparável, podendo vir a transformar-se em conhecimento proposicional, desde que submetida a testes que caracterizam a generalização formal. A educação é uma área em que pouquíssimas "leis" foram efetivamente validadas; assim sendo, Stake, In: Madaus et al. (1993), considera ser pedante dar constante atenção às "leis" na área da educação e, naturalmente, a supostas "generalizações".

CAPÍTULO 7

AVALIAÇÃO E O AVALIADOR EDUCACIONAL

The time is ripe for broadening the base from which inquiry in education can go forward. It is time for a more catholic sense of possibility; we need, in my opinion, to widen our epistemology.

EISNER, 1993

7.1 Introdução

Ao planejamos o presente trabalho, fizemos, inicialmente, algumas colocações, sob a forma de perguntas, que nos orientaram no desenvolvimento dos diversos capítulos. Agora, à guiza de conclusão, passaremos a analisar cada uma das indagações propostas, examinando o caráter sistematizado do conhecimento em avaliação, os diversos problemas relacionados à construção e delimitação do espaço da avaliação e, finalmente, consideraremos os aspectos mais significativos na formação de um avaliador educacional, com vistas à sua atuação na prática avaliativa.

7.2 Avaliação como conhecimento sistematizado

Ao fazer um levantamento do progresso da avaliação educacional nos Estados Unidos, Smith (In: Madaus et al., 1993) partiu de duas interrogações que, em princípio, poderemos adotar, considerando o problema no Brasil, por corresponderem de certa forma às proposições orientadoras anteriormente apresentadas: *Qual o desenvolvimento da avaliação educacional até a presente data?* e *Quais as necessidades de crescimento no futu-*

ro? A história da avaliação no Brasil, com exceção da precária avaliação do rendimento escolar que há séculos vem sendo realizada, é bastante recente, como mostram os trabalhos de Gatti e Vianna (vide nota [1]), preocupados com a memória e a análise do que tem acontecido nessa área. A partir da bibliografia, constatamos que a experiência brasileira está limitada no tempo, porque somente na década de 80 e, especialmente, no início dos anos 90 é que os estudos de avaliação começaram a ser realizados, mas de uma forma restrita, envolvendo, especialmente, a avaliação de sistemas de ensino sob a ótica do seu produto.

O conhecimento que temos da avaliação educacional é limitado e enviesado, pouco ou quase nada foi feito relacionado com a avaliação de programas, materiais e produtos, assim como a avaliação de amplos sistemas de educação foi ignorada, salvo, neste último caso, experiências episódicas como as de Minas Gerais e São Paulo. Por outro lado, os trabalhos incidem, na sua quase totalidade, sobre o sistema público e, eventualmente, sobre a avaliação na área privada, exceto algumas raras experiências, como a do Sistema Nacional de Avaliação do Ensino Básico (SAEB), em 1995, que além de informações sobre a rede pública, levantou, também, dados do ensino privado; entretanto, o impacto dessa avaliação em nível nacional foi bastante restrito. Além disso, praticamente inexistem avaliações relacionadas ao ensino supletivo e às diferentes formas de educação especial. O mesmo se pode dizer sobre a educação em nível de 3º grau, que apenas nos últimos anos tem procurado desenvolver metodologias de avaliação institucional, especialmente na esfera oficial. Destaque-se, mais uma vez, que a avaliação está presa ao conhecimento cognitivo, apesar de envolver outras variáveis (titulação de corpo docente, laboratórios, biblioteca, produção científica etc). Vemos, portanto, com a amostra restrita que possuímos, no presente momento, que nos falta uma experiência mais ampla no campo da avaliação educacional; contudo, a persistirem as atuais tendências, é possível que venhamos a explorar novos caminhos, se superarmos nossas limitações em termos de recursos humanos.

Analisando a questão segundo uma perspectiva histórica, vemos que a avaliação educacional ficou limitada na sua prática, envolvendo quase sem-

1 Precisamos, por ser de justiça, fazer referência a dois modelos pioneiros desenvolvidos e utilizados na prática para a avaliação de programas educacionais: GOLDBERG, M. A. A. Era uma vez uma avaliação: lições de vida. *Educação e Avaliação*, nº 2 Ed. Cortez. São Paulo. 1981, SAUL, A. M. *Avaliação Emancipatória - desafio à teoria e à prática da avaliação e formulação de currículo*. São Paulo, Cortez. Autores Associados. 1988

pre o rendimento escolar. Não houve, salvo alguns poucos casos, grandes especulações teóricas, um refletir sobre a avaliação[1] visando a criação de novos modelos e a elaboração de uma teoria da avaliação. Ou seja, não tivemos um Tyler, um Cronbach, um Scriven, para mencionarmos apenas alguns dos grandes teóricos da avaliação no contexto norte-americano. Além do mais, não foram apresentadas alternativas para os modelos elaborados por Stake, Stufflebeam, Guba, Parlett e Hamilton, entre outros. No caso brasileiro, houve a influência de vários desses modelos, nem sempre aplicados adequadamente, porque nenhum deles diz como fazer efetivamente uma avaliação, que assim fica sujeita a inspirações do momento.

Quando consideramos que, em outros contextos, formas diversas de avaliação estão se desenvolvendo – responsiva (Stake), naturalista (Guba), iluminativa (Parlett e Hamilton), entre outras – apercebemo-nos de que estamos presos ao tradicional e rotineiro. A figura do avaliador educacional não se cristalizou, não existe como identidade profissional – haja vista, por exemplo, o número limitado de instituições que se dedicam à avaliação educacional e o número extremamente parcimonioso de periódicos voltados exclusivamente para a avaliação, e com tiragens regulares. A avaliação e o avaliador, pelo menos no presente momento brasileiro (1999), estão à procura de uma identidade [2].

A leitura das apresentações das idéias básicas de Tyler, Cronbach, Scriven, Stufflebeam e Stake permite-nos extrair algumas lições. Sente-se, inicialmente, que a avaliação é um campo aberto à reflexão teórica e, ao mesmo tempo, que esse pensamento teórico é, necessariamente, a infra-estrutura que possibilita a prática da avaliação. Sem teoria não é possível uma prática conseqüente. As teorias refletem diferentes posicionamentos epistemológicos, o que valoriza a avaliação como prática da atividade intelectual. A avaliação, assim como a ação educacional, exige constante reflexão sobre o ente avaliado e as implicações do ato de avaliar.

A reflexão sobre o ser avaliado mostra, primeiramente, a complexidade do campo da avaliação, pela inclusão de diferentes sujeitos. Pensemos apenas no ente/aluno, o que nos leva a duas dimensões da avaliação: cognitiva e não-cognitiva. A avaliação cognitiva desdobra-se em subdimensões, digamos assim, apresentando uma visão quantitativa e outra qualitativa, visões estas que se completam para que possamos fazer um juízo sobre o sujeito. A dimensão cognitiva exige diferente instrumentação – por critério ou por norma, dependendo da natureza da avaliação: formativa ou somativa, com diferentes linhas de interpretação. A dimensão não-cognitiva, nem sempre considerada, abrange um amplo espetro de características, que demandam pessoal especializado, técnicas e instrumentos variados, exigindo, freqüentemente, a construção de um instrumental *ad-hoc*, face à carência do mercado interno. Toda essa reflexão leva-nos a constatar que a avaliação exige diferentes tipos de capacitação, revelando-se, assim, um campo de conhecimentos integrados, que necessita, forçosamente, da contribuição, como se vê no exemplo apontado, de elementos provenientes de diferentes áreas científicas, ligadas ou não às ciências do homem, sendo, por via de conseqüência, uma área interdisciplinar que demanda uma ação solidária de vários especialistas. A situação é igualmente complexa se considerarmos os sistemas educacionais, as instituições (universidades e seus departamentos, escolas), programas curriculares, professores, administração, entre outros entes que podem ser objeto de uma avaliação na área educacional [3].

Cremos, assim, que, ao longo dos vários capítulos, especialmente os de n°s 2 a 6, ficou claro que a avaliação educacional é um campo de conhecimentos sistematizados que lança mão de outras áreas (Psicologia, Sociologia, Antropologia, Demografia, entre outras, não esquecendo a Filosofia (Epistemologia) e a própria Filosofia da Ciência). É um campo em constante transformação que sofre o impacto de diferentes tecnologias e, dessa forma, vem refinando cada vez mais os seus procedimentos de análise e interpretação, no campo quantitativo e qualitativo. *Podemos, desse modo, afirmar, positivamente, em relação à pergunta inicial, quando indagamos se a avaliação educacional é um espaço possível de conhecimento sistematizado* [4].

7.3 Problemas relativos à construção e delimitação do espaço da avaliação

A avaliação educacional – e vamos circunscrever a nossa reflexão à avaliação de programas, projetos e materiais – tem seus problemas, como aliás, todas as áreas do conhecimento humano. Eventualmente, alguns desses problemas podem ser extrapolados para outras áreas da avaliação, mas seguiremos o pensamento de Stufflebeam e de seus colaboradores na definição de padrões de qualidade (parte final do Capítulo 5).

Um problema passível de ocorrer refere-se à identificação do público envolvido ou afetado pela avaliação. Nem sempre é possível, ainda que extremamente desejável, caracterizar a clientela, sobretudo a que será afetada pelo resultado da avaliação, especialmente quando consideramos o nosso contexto, problema que, entretanto, está sendo superado graças à informatização, à melhoria das técnicas de coleta de informações e à organização de banco de dados confiáveis. A credibilidade e a aceitação de uma avaliação estão associadas à credibilidade do avaliador, que deve possuir competência técnica e experiência suficiente para empreender a coordenação de uma equipe de avaliação. Isso pode ocorrer – e estamos sempre pensando no caso brasileiro – em decorrência da falta de tradição de pesquisas e da ausência de profissionais na área, dando margem a improvisações, sobretudo quando se nos deparamos com um *boom* de avaliações, como no momento presente, ou quando a avaliação passa a ser um modismo, na vã esperança de que a avaliação possa resolver todos os problemas educacionais, quando a sua real finalidade é a de identificá-los para que possam ser dimensionados, analisados e solucionados, o que não constitui tarefa do avaliador. A falta de pessoal com treinamento adequado pode ser em parte solucionada com a contratação de assessores com *expertise* no campo, como vem ocorrendo em alguns projetos nacionais. A questão da seleção de informações constitui outro problema que às vezes decorre da inexperiência do avaliador ou da sua ânsia de coletar o máximo possível de dados, que muitas vezes serão depois desprezados por não se ajustarem aos objetivos da avaliação. É necessário, pois, tendo em vista o objetivo da avaliação, selecionar os dados que são efetivamente cruciais para a avaliação. É evidente que uma avaliação procura obter o máximo possível de elementos informativos, levando-se em conta, entretanto, a sua pertinência para o estudo avaliativo. Um problema comum, mas que também pode ser superado, está relacionado à interpretação dos dados, como pode ser identificado em algumas avaliações. Sente-se que falta ao processo uma estrutura lógica que permita descrever, analisar e interpretar com validade as informações. Às vezes, elementos relevantes são abandonados e outros menos valiosos são considerados. A deficiência na interpretação, assim como os outros problemas anteriormente apresentados, comprometem a qualidade de uma avaliação.

As questões relacionadas à clareza e disseminação dos relatórios são fatores limitativos do impacto de uma avaliação. É preciso considerar que os relatórios se destinam a diferentes níveis de audiência e que, portanto, devem considerar esse aspecto. As tecnalidades devem ficar restritas ao pessoal especializado, capaz de entender os procedimentos necessários à realização da pesquisa/avaliaçãò em nível sofisticado; no outro extremo, para os que têm acesso à mídia, uma simples descrição do que foi constatado, em nível de sumário executivo, mas com elementos que inibam distorções, é suficiente. Tudo isso com a máxima clareza possível, evitando-se linguagem hermética e obscura, que dificulta o entendimento dos próprios especialistas. O problema pode ser resolvido com uma boa revisão, evitando-se o *copy-desk*, que aprimora a qualidade da linguagem, mas às vezes distorce as colocações científicas do texto.

A nossa preocupação no momento é com problemas que possam prejudicar a qualidade da avaliação, por isso nos vamos referir a três outros aspectos – disseminação, tempo oportuno e impacto – que podem constituir futuros problemas, gerando impedimentos para a consolidação do espaço da avaliação. A avaliação não deve ter um caráter endógino, explicamo-nos: é necessário que, realizada uma avaliação, suas constatações sejam imediatamente divulgadas, disseminadas entre diferentes segmentos da sociedade. A avaliação não é apenas para autoconsumo; há um compromisso tácido do avaliador (e das partes contratantes) com a sociedade, a qual deve ser participante de todo o processo, – do planejamento à elaboração dos relatórios. Uma das características fundamentais da avaliação é a sua transparência, que vai ter conseqüências, sobretudo no seu impacto, como veremos. A divulgação de uma avaliação pode ser um elemento limitativo, se não for feita em tempo oportuno, que permita a utilização dos dados para a solução de problemas vigentes. O fator tempo pode contribuir para a perda da validade da avaliação; seus dados, ainda que, teoricamente, tenham valor científico, assumem um ponto na perspectiva histórica. Uma pesquisa avaliativa deve produzir impacto, mas não o impacto momentâneo da divulgação dos órgãos da mídia. Esse é um impacto fugaz, que satisfaz vaidades pessoais, mas não é conseqüente. Apesar de difícil de medir e não existir metodologias adequadas, o impacto de uma avaliação se traduz por mudanças no pensar, mudanças no agir, mudanças nas atitudes, enfim, mudanças no ser. O impacto está relacionado a mudanças nos seres humanos, nas instituições, nos produtos, nos materiais educacionais. Isso, a nosso ver, é impacto.

Outros problemas poderiam ser considerados e analisados, limitamonos, entretanto, a citar alguns deles – viabilidade política, relação custo-benefício, conflito de interesses, questões éticas, relações humanas, responsabilidade fiscal, validade e fidedignidade instrumental, adequação das análises (qualitativas e quantitativas), objetividade informativa, entre outras – porque julgamos que esses problemas possam ser superados, se devidamente gerenciados. A discussão inicial e a presente enumeração permite-nos afirmar, que não há avaliação sem problemas, mas isso não determina que *a construção do espaço da avaliação fique restrito, sofra limitações*. O espaço da avaliação é amplo e dá margem à criatividade e à fantasia, como veremos ao discutir a construção do avaliador.

7.4 A função do avaliador

Antes de discutirmos os aspectos relevantes na construção de profissionais de avaliação, procuraremos situar a função do avaliador, que se torna mais clara quando certos aspectos são considerados, como a definição de avaliação, no pensar de Nevo, In: Walberg e Haertel (1990), na sua discussão do papel da avaliação e o envolvimento do avaliador. Se considerarmos a copiosa literatura sobre o assunto poderemos agrupar os modelos de avaliação em três grandes conjuntos: avaliação por objetivos (Tyler); avaliação descritivas e *nonjudgemental* (Stufflebeam; Cronbach) e avaliação que implique julgamento (Scriven; *Joint Committee*, 1981). As definições de avaliação refletem várias e diferentes perspectivas, inclusive em relação ao papel que o avaliador vai desempenhar. Assim, numa avaliação por objetivos, o avaliador é um controlador, um auditor; numa avaliação descritiva, o avaliador é um cientista, um educador que procura informar às várias audiências sobre aspectos relevantes a fim de aumentar a sua compreensão sobre diferentes problemas, e no caso de uma avaliação com vistas a um julgamento, o avaliador assemelha-se a um juiz, um crítico literário ou a um crítico de arte. Stake, juntamente com Dale Kerr, da University of Northern British Columbia, escreveu primoroso artigo sobre o pesquisador (1994), a partir de comentários sobre sete quadros de Magritte[2].

Algumas de suas apreciações são transcritas no original e, posteriormente, comentadas em relação ao avaliador, como uma introdução à discussão que faremos sobre a construção do avaliador.

---

2 René Magritte (1898-1967), pintor belga, influenciado, inicialmente, pelo Cubismo e pelo Futurismo, a partir de 1925 abraça o Surrealismo. Sua obra caracteriza-se pela "ironia, agudeza e por um espírito de inteligente debate" *História Geral da Arte - Dicionário Biográfico de Artistas* – vol. II. Madrid, Ediciones del Prado. 1997

"Research can be designed so that as much as its power to express conclusions is its power to stimulate thinking".

"Like the artist, the researcher is a 'provider of images', images to hang in the mind, to confront images already formed in the complexity of our innate, tacit experience, to draw attention to our expectations and assumptions, to shock us out of our day-to-day complacency".

"Similarly, the researcher is the provocateur of understanding, portraying the common in problematic ways. Our words and images are not the experience or the object they represent – they are as humanoids from another world".

"In research, all representations are misrepresentations; data can but imperfectly disclose their objects. The appearance of precision in our indicators of teaching and schooling is our *curse".*

"The researcher, like the artist, is a producer of the impossible. His or her perception is colored by tacit knowledge, both personally and culturally constructed. The effort to represent, to explain, is forever incomplete".

"... a reader of a research report comes to understand that the newly reported case is not necessarily typical of cases in general but in certain ways gives insight into the small population of cases he or she already knows".

"Given all the interpretational privilege, good interpretation is cautious, minding the blackness of wishful thinking just beyond the researcher's window". [5]

O trabalho de Stake e Kerr (1994) é extremamente provocativo e apresenta algumas idéias que não podemos desconsiderar, por referiremse a questões nucleares da avaliação, assim como da pesquisa educacional, considerando que, sem dúvida, no momento atual, ocorrem mudanças em nossas percepções do conhecimento. Há uma revolução epistemológica *in progress* que afeta ambas as perspectivas quantitativa e qualitativa, ainda que muitos não se dêem conta do que está efetivamente ocorrendo. As nossas percepções, quer queiramos ou não, são compreendidas em função de nossas experiências passadas, pessoais, do nosso conhecimento tácito, para empregar a expressão de Stake e Kerr (1994).

A partir dessas reflexões, somos levados a dizer que ao planejarmos uma avaliação pretendemos expressar nossas conclusões ao final do trabalho, avaliamos, assim, com vistas ao estabelecimento de manifestações que possam contribuir para a definição e posterior solução de um problema; contudo, o planejamento de uma avaliação tem um outro objetivo bastante explícito, que é o de promover o pensamento em profundidade sobre o fenômeno avaliado. É evidente que as conclusões a partir dos dados são importantes, mas o realmente relevante é que a avaliação seja um estímulo para o pensamento na procura de conhecimentos que levem à solução dos problemas educacionais.

7.5 Aspectos significativos em um avaliador

Que é o avaliador? É um cientista, é um pesquisador, mas bem considerando o que deveria ser, acreditamos que poderíamos dizer, usando um verdadeiro achado de Stake e Kerr (1994), que o avaliador é um "provedor de imagens", alguém que proporciona elementos essenciais para o espírito daqueles que devem confrontar diferentes imagens resultantes da experiência tácita, imagens que vão despertar a atenção para novas expectativas e suposições de possíveis novas verdades, e são essas imagens que muitas vezes nos chocam, nos trazem para um novo mundo bem diverso do nosso dia-a-dia. Além de cientista e pesquisador, o avaliador, como o artista, deve produzir uma obra que nos leve à construção de novas realidades.

Há alguns anos (1982) preocupamo-nos com o problema do perfil do avaliador educacional[3] e procuramos, na literatura (Milman, 1975, entre outros) e na experiência com outras pessoas e instituições envolvidas com os problemas da avaliação, determinar quais as características necessárias a um avaliador atuante. Tentamos agrupá-las em 6 (seis) conjuntos:

1.0 O avaliador deve ser capaz de:

- 1.1 especificar informações necessárias para o desenvolvimento de programas de avaliação;
- 1.2 localizar, ler e integrar informações existentes na literatura técnica;
- 1.3 analisar avaliações anteriores sobre o assunto de seu interesse e discutir suas implicações;
- 1.4 definir com precisão os objetivos gerais e específicos de uma avaliação.

2.0 O avaliador deve ser capaz de:

- 2.1 examinar, criticamente, estratégias de avaliação e selecionar a adequada para o seu problema;

3 VIANNA, H. M Avaliação educacional – problemas gerais e a formação do avaliador. *Educação e Seleção*, nº 5 Fundação Carlos Chagas, São Paulo, 1982

2.2 formular questões ou hipóteses a serem respondidas ou verificadas na avaliação;

2.3 desenvolver planejamento adequado para a coleta de dados que possibilitem realizar 2.2.

3.0 O avaliador deve ser capaz de:

3.1 selecionar amostra capaz de atender os objetivos de um projeto;

3.2 identificar, a partir dos objetivos, as variáveis a considerar na avaliação.

4.0 O avaliador deve ser capaz de:

4.1 selecionar e/ou construir os instrumentos necessários à avaliação;

4.2 estabelecer a validade dos instrumentos e determinar o grau de fidedignidade dos resultados;

4.3 dominar técnicas qualitativas de coleta de dados;

4.4 gerenciar o programa de avaliação e corrigir seus desvios;

4.5 selecionar as técnicas estatísticas necessárias, se for o caso;

4.6 definir os procedimentos de análise em termos de processamento de dados.

5.0 O avaliador deverá ser capaz de:

5.1 interpretar e estabelecer conclusões fundamentadas;

5.2 elaborar relatórios e discutir suas conclusões.

6.0 O avaliador deverá ser capaz de:

6.1 estabelecer relações interpessoais adequadas com a equipe de avaliação;

6.2 administrar recursos humanos e materiais ligados à avaliação.

É óbvio que esse é um perfil desejável, mas assintótico, ideal, sendo impossível encontrar todas essas características em uma única pessoa. Lembremo-nos de que há o divino (perfeição) e o humano (limitação), mas todas as qualidades seriam desejáveis, especialmente a fixada em 6.1 – relações interpessoais adequadas, tendo em vista que a avaliação é um trabalho de grupo e o seu êxito depende fundamentalmente de um esforço cooperativo, sob uma liderança segura, forte, porém humana. Acrescentando a tudo isso, diríamos que o avaliador deve ter um bom treinamento na avaliação quantitativa, inicialmente, e, depois, em avaliação qualitativa, conforme a linha seguida por Robert Stake na Universidade de Illinois (Urbana), com um *minor* envolvendo Filosofia (lógica, epistemologia e fenomenologia) e Filosofia da Ciência, a fim de possuir as características idealizadas anteriormente. Pensamos, assim, ter atendido à interrogação que nos propusemos inicialmente: – se essa é uma área com especificidade (– a avaliação –), que aspectos são relevantes na construção dos profissionais que atuam ou atuarão nesse espaço? [6] [7].

7.6 O futuro da avaliação

Falamos do passado e do presente, mas e o futuro da avaliação? O que acontecerá? O que deve acontecer? O que pode acontecer? Sem pretendermos fazer um exercício de futurologia – ciência (?) sem grande credibilidade –, podemos, a partir das tendências atuais, pressentir que, em nível de escola e mesmo de sistema de ensino, a avaliação se concentrará enfaticamente no uso de instrumentos de medida, especialmente para a tomada de decisões administrativas. É possível, entretanto, que, com o treinamento de avaliadores, formas alternativas de avaliação venham a surgir (avaliação individualizada, qualitativa), a médio prazo, especialmente se instituições especializadas se dedicarem à pesquisa e à avaliação.

A segunda interrogação – o que deve acontecer? – acreditamos que, se a idéia de avaliação prosperar e se essa área passar a ter um caráter interdisciplinar, trabalhando em conjunto com outras ciências do homem, a sua produção passará a exigir um trabalho conexo, indispensável ao seu desenvolvimento, ou seja, a avaliação da avaliação, que pode ser expressa simplesmente pela palavra meta-avaliação. Ao lado disso, a prática da avaliação gerará, certamente, a necessidade de estudos conceituais e empíricos sobre a avaliação – estudos descritivos da prática da avaliação; estudos sobre o impacto das avaliações, definindo-se, inicialmente, o entendimento de impacto como procuramos mostrar anteriormente; e estudos empíricos sobre a metodologia da avaliação. Enfim, a avaliação será uma área de pesquisas.

Quando pensamos sobre o que pode acontecer, julgamos, sob risco de sermos temerários, que a escola saberá julgar potencialidades não exploradas da avaliação; que a pesquisa sobre avaliação não será episódica, mas terá uma linha contínua de seguimento, e que não apenas a avaliação mas, também, a própria pesquisa da avaliação serão temas prioritários para os governos e as agências financiadoras de projetos. Tudo isso é extremamente ambicioso, visionário e fantasioso sem dúvida, mas olhar o futuro exige um certo grau de fantasia, e nesse momento, gostaríamos de transcrever parte de um trecho do artigo de Kenneth E. Boulding[4], citado por Smith (1993) – *"a fantasia é parte das metodologias adequadas de todos os campos do conhecimento humano"*.

7.7 NOTAS E COMENTÁRIOS

[1] A avaliação no Brasil ainda tem um longo caminho a percorrer, como se infere dos trabalhos que se preocupam em resgatar a sua memória: GATTI, B. A. – Avaliação da Jornada Única em São Paulo. *Estudos em Avaliação Educacional*, nº 5, Fundação Carlos Chagas, São Paulo, 1992; GATTI, B. A.; VIANNA, H. M. e DAVIS, C. Problemas e Impasses da Avaliação de Projetos e Sistemas Educacionais. *Estudos em Avaliação Educacional*, nº 4. Fundação Carlos Chagas, São Paulo, 1991; GATTI, B. A. O rendimento escolar em distintos setores da sociedade. *Estudos em Avaliação Educacional*, nº 7. Fundação Carlos Chagas, São Paulo; GATTI, B. A. Avaliação Educacional no Brasil: experiências, problemas, recomendações. *Estudos em Avaliação Educacional*, nº 10, Fundação Carlos Chagas, São Paulo, 1994; VIANNA, H. M. Avaliação do Ciclo Básico de Alfabetização em Minas Gerais. *Estudos em Avaliação Educacional*, nº 5, Fundação Carlos Chagas, São Paulo, 1992. VIANNA, H. M. Avaliando a Avaliação: da prática à pesquisa. *Estudos em Avaliação Educacional*, nº 5, Fundação Carlos Chagas, São Paulo, 1992; VIANNA, H. M. – Avaliação do desempenho em Matemática e Ciências – uma experiência em São Paulo e Fortaleza. *Estudos em Avaliação Educacional*, nº 5, Fundação Carlos Chagas, São Paulo, 1992; VIANNA, H. M. Evasão, repetência e rendimento escolar – a realidade do sistema educacional brasileiro. *Estudos em Avaliação Educacional*, nº 4, Fundação Carlos Chagas, São Paulo, 1991; VIANNA, H. M. e FRANCO, G. T. Avaliação do Rendimento dos Alunos do 1º Grau da rede privada: pontos críticos e convergências. *Estudos em Avaliação Educacional*, nº 7, Fundação Carlos Chagas, São Paulo, 1993; VIANNA, H. M. Avaliação Educacional – uma perspectiva histórica. *Estudos em Avaliação Educacional*, nº 12, Fundação Carlos Chagas, São Paulo, 1995 (parte final relativa ao Brasil); VIANNA, H. M.; ANTUNES, A. L.; SOUZA, M. A. Desenvolvimento de um programa de avaliação do Sistema Estadual de Ensino – o exemplo de Minas Gerais. *Estudos em Avaliação Educacional*, nº 8, Fundação Carlos Chagas, São Paulo, 1993.

4 BOULDING, K E. Science: Our common heritage. *Science*, 207 (4433), 1980, 831-36.

[2] O destaque dado a modelos que refletem uma posição não-quantitativa leva-nos a considerar algumas idéias de Stake, que apresentou na reunião do *Interamerican Congress of Educational Administrators*, em Brasília (1984), relacionando pesquisa qualitativa e compreensão. Afirmou Stake que há uma preocupação de muitos em fazer distinção entre pesquisa (avaliação) qualitativa e quantitativa, o que, na sua opinião, é pouco claro. Lembremo-nos que em qualquer estudo qualitativo – etnográfico, naturalista, fenomenológico, hermenêutico ou holístico – há lugar, como acentua Stake (1984), para a enumeração e o reconhecimento de diferenças de quantidade. Por sua vez, quando se realiza um estudo de natureza estatística, por exemplo, um *survey*, ou um experimento que demanda controle, portanto, quando empreendemos uma pesquisa ou avaliação quantitativa, vemo-nos às voltas com descrições e interpretações.

A questão não pode ser colocada simplesmente em termos do quantitativo *versus* qualitativo. É um problema bem mais complexo, por ser de natureza epistemológica. Assim, com justa razão, Stake sugere que se proponha o problema de outra forma e que se dimensione a pesquisa (avaliação) em novos termos: – apresentar explicações x promover o conhecimento. É evidente que as explicações visam a levar ao conhecimento, devendo-se, entretanto, conforme o raciocínio de Stake, baseado, nas idéias de G. H. von Wright[1], fazer uma distinção entre explicação formal e compreensão experiencial.

O campo da avaliação é grandemente influenciado pela idéia de que a pesquisa (avaliação) deva levar, necessariamente, a generalizações, na suposição de que somente assim se estaria criando uma estrutura científica. A idéia do que é situacional é eliminada, o contexto é eliminado em busca de grandes relações explicativas (Stake, 1984). É a procura da explicação por intermédio de processos quantitativos que leve à generalização a partir de um grande número de casos dissimilares, coloca Stake. Temos, assim, a explicação formal.

Não se pode deixar de considerar que o situacional é igualmente importante. Uma situação particular, específica, na lógica de Stake, é muitas vezes mais importante do ponto de vista científico (e educacional) do que

(1) George Henrik von Wright (1916), filósofo finlandês de origem sueca, interessado em estudos sobre indução e probabilidade, sofreu grande influência de Ludwig Wittgenstein, a quem sucedeu como professor de Filosofia na Universidade de Cambrigde (1948). Editou várias obras de Wittgenstein, além de escrever material biográfico e de análise crítica sobre a obra do filósofo austríaco. Os seus *Philosophical Papers*, em 3 vols., indicam o seu interesse: *Pratical Reason* (vol. I, 1983), *Philosophical Logic* (vol. II, 1983) e *Truth, Knowledge and Modality* (vol. III, 1984). Vide *The Oxford Companion to Philosophy*, Edited by T Honderich, Oxford, Oxford University Press, 1995, p. 903

situações em geral que possam levar à construção de um princípio ou até mesmo de uma teoria. Uma escola, uma criança ou um currículo podem ser objetos de estudos complexos, envolvendo diferentes *backgrounds*. Ambas as abordagens são possíveis no caso, sendo que a abordagem qualitativa vai se interessar pela singularidade do caso, a variedade de percepções. Isso não significa que essa avaliação não se preocupa com a questão da generalização, apenas não é uma preocupação dominante no observador.

A visão do avaliador qualitativo, no dizer de Stake (1984) é mais holística e menos analítica em relação a um determinado fenômeno observado. Situações múltiplas são examinadas, mas sem comparações. A preocupação maior do avaliador é a de identificar entre os diversos aspectos observados qual o de maior importância para ser aprendido em relação ao fenômeno estudado. O importante em avaliação (pesquisa), conforme o pensamento de Stake (1984), não é discutir generalizações formais ou situações particulares. O que importa é a qualidade da avaliação (pesquisa), não existindo hoje em dia, pelo menos em países de larga experiência em avaliação, aquele estado de espírito que se predisponha a aceitar um tipo de avaliação e a negar o valor do tipo oposto.

Isso não significa isentar a avaliação qualitativa de alguns problemas, como reconhece o próprio Stake (1984), que aponta deficiências inquestionáveis em muitos casos: 1) excesso de subjetividade das observações; 2) imprecisão de linguagem; 3) dificuldade em descrever o planejamento da avaliação; 4) tamanho volumoso dos relatórios; 5) generalização incorreta dos dados; 6) custos elevados; 7) dilemas éticos na avaliação de sujeitos humanos. Stake (1984) destaca que os problemas existem, é evidente, mas podem ser controlados e até mesmo superados.

[3] A proposição relacionada a um espaço possível do conhecimento humano sistematizado em avaliação educacional pode ser considerada a partir da categorização das obras que subsidiaram o presente trabalho e arroladas na Bibliografia. Procuramos categorizar essa bibliografia segundo a temática dominante:

01. Avaliação em geral: House, 1989a, 1989b,1989c; Nevo, 1989, 1990; Popham, 1975; Rose e Nyre, 1977; Scriven, 1972a, 1972b, 1974; Tyler, 1942, 1978, 1982, 1993; Wahlstrom e Traub, 1972.
02. Avaliação – teoria: Alkin, 1969; Alkin e Daillak, 1990; Cronbach, 1963; Lewy, 1990; Madaus, 1993; Scriven, 1974; Wolf, 1990.
03. Avaliação e objetivos: Atkin, 1974, 1978; De Landshere, 1990; Eisner, 1967, 1969; Eraut, 1990; Popham, 1978, 1990; Stake, 1970; Tyler, 1974.

04. Avaliação e currículo: Alkin, 1990; Hastinger, 1972; Kemmins, 1989; Payne, 1974, 1975; Sanders, 1990; Schubert, 1990; Sosniak, 1990; Taylor e Cowley, 1972; Walberg e Haertel, 1990; Walken, 1989; Wiseman e Pidgeon, 1970.

05. Avaliação e Modelos: Airasian, 1993; Alkin, 1972; Alkin e Ellet, 1990; Bertam e Childers, 1974; Borich, 1990; Glaser, 1970; Glass, 1972; Hammond, 1973; Katz e Morgan, 1974; Luft et al., 1974; Metfessel e Michael, 1967; Provus, 1969, 1972, 1973; Scriven, 1973; Stecher, 1990; Steinmetz, 1976; Taylor e Maguire, 1966; Walberg e Haertel, 1990; Wolf, 1990; Worn, 1982; Wright e Hess, 1974.

06. Avaliação de Programas e Produtos: Borich, 1974; Coleman, 1971; Cronbach, 1982; Reynolds e Walberg, 1990; Rossi, 1971; Scriven, 1971, 1974; Riding e Stufflebeam, 1975; Suchman, 1971; Walker, 1974; Welch e Walberg, 1974.

07. Avaliação e Pesquisa: Caro, 1971, 1982; Ross e Cronbach, 1976; Schubert, 1990; Scriven, 1989; Strickland, 1990; Welty, 1972; Willems, 1972; Worthen, 1990.

08. Avaliação e Tomada de Decisão: Atkin, 1978; Scheers, 1990; Stufflebeam, 1969, 1971, 1974; Stufflebeam et al., 1971; Stufflebeam e Webster, 1980.

09. Avaliação Qualitativa: Dorr-Bremme, 1990; Eisner, 1978, 1978a, 1978b, 1978c, 1979, 1993; Eraut, 1990; Guba, 1969, 1975; Guba e Lincoln, 1981, 1989; Hamilton, 1978; Lincoln e Guba, 1985; Parlett, 1990; Stake, 1973, 1975, 1978, 1982a, 1982b, 1982c, 1982d, 1983a, 1983b, 1984, 1990, 1994; Stake e Pearsol, 1981; Stake e Trumbul, 1984; Willis, 1990.

10. Avaliação e Problemas: Atkin, 1963, 1967; Choppin, 1990; Stake, 1973, 1974; Straw e Cook, 1990.

Fica evidenciado que a avaliação possui um corpus teórico, que, entretanto, não constitui uma teoria geral única, tendo em vista que as posições refletem diferentes abordagens epistemológicas, cada uma com seus fundamentos lógicos, seus valores e objetivos. Acontece com a avaliação o que ocorre com outras áreas, como, por exemplo, a geometria euclidiana e não-euclidiana, não se podendo dizer que a geometria não seja um conhecimento sistematizado, ou com a física (Newton, Einstein, dos *quanta*), que são visões diferentes, mas formam um sistema de conhecimentos. A avaliação é uma área nova, articulada a diversas outras áreas de conhecimento, e reflete diferentes concepções de mundo, mas nem por isso deixa de ser um conjunto organizado de conhecimentos, com várias abordagens teóricas.

[4] O conhecimento na área da avaliação é bastante amplo, como se pode ver se consultarmos a enciclopédia de Anderson (1981) e a de Walberg e Haertel (1990), ambas citadas na bibliografia, e o monumental trabalho coordenado por Torsten e Postlethwaite (1985), mencionado no texto sobre Scriven, no rodapé da nota [1]. A nova edição da obra coordenada por Keeves, J. P. *Educational Research, Methodology and Measurement – an International Handbook*. Second Edition. Pergamon. New York/London, 1997, deixa clara a complexidade da avaliação, que passou a demandar especializações em campos mais restritos: aprendizagem, currículo, professor, instituição etc, face à impossibilidade do domínio do conhecimento acumulado em cada uma das áreas.

[5] Tradução dos textos de Stake pelo Prof. Dr. Sérgio Francisco Costa, a quem agradecemos por sua valiosa colaboração.

"A pesquisa pode ser planejada, tanto quanto a sua especificidade, para expressar conclusões e estimular reflexões".

"Como o artista, o pesquisador é um 'provedor de imagens' – imagens que povoam a mente, para confrontarem-se com imagens já formadas na complexidade de nossa inata e tácita experiência, para dirigir a atenção às nossas expectativas e suposições, para arrancar-nos de nossa diuturna complacência".

"Da mesma forma, o pesquisador é o provocador (estimulador) de entendimento, é aquele que coloca em evidência o que é comum de forma problematizável. Nossas palavras e imagens não são a experiência ou o objeto que representam – elas são como humanóides vindos de outro mundo".

"Em pesquisa, todas as representações são representações falhas; os dados podem apenas de modo imperfeito traduzir os objetos. A aparência de precisão dos nossos indicadores de ensino e escolaridade constitui a nossa maldição".

"O pesquisador, como o artista, é um criador do impossível. A sua percepção vem colorida de conhecimento tácito – pessoal e culturalmente construído. O esforço para representar, para explicitar é definitivamente incompleto".

"... um leitor de um relatório de pesquisa pode vir a perceber que o caso que ele acaba de examinar não constitui um caso típico num conjunto de casos, mas que, sob certos aspectos, derrama luz sobre um pequeno número de situações que ele pessoalmente conhece".

"Diante de um grande leque de possibilidades interpretativas, vale ressaltar que uma boa interpretação é sempre cautelosa; a incerteza está sempre à espreita do lado de fora da janela do pesquisador".

[6] A informática faz parte da nossa cultura e o computador passou a ser instrumento de trabalho indispensável em todos os campos, inclusive na avaliação. Essa situação influencia, naturalmente, a formação do avalia-

dor. Em alguns aspectos, deve ser eminentemente conceitual e de compreensão da estrutura lógica de procedimentos e de como analisar os elementos fornecidos pelo processamento dos dados. A existência de *softwares* facilita a parte operacional, mas não dispensa a formação substantiva do avaliador. Exemplificando, o TESTFACT, desenvolvido por D. T. Wilson, R. Wood e R. D. Gibbons, possibilita uma análise de itens segundo a perspectiva clássica, e, ao mesmo tempo, permite a análise fatorial dos itens, usando matrizes de correlação tetracórica, além de outros procedimentos próprios da análise fatorial. O programa liberta o avaliador da exaustiva tarefa da parte computacional, mas não elimina a necessidade de conhecer, no caso específico, a teoria clássica da análise de itens e a formulação teórica da análise fatorial. A idéia fundamental é que o computador e seus *softs* sejam indispensáveis, mas como auxiliares do avaliador e não elidem a necessidade de uma formação teórica fundamentada.

[7] Anteriormente, ao discutirmos o momento presente da avaliação no Brasil, fizemos menção à experiência do SAEB em 1995, que representou um grande avanço em termos metodológicos, com a adoção da *Teoria da Resposta ao Item* (TRI) para procedimentos ligados à calibragem dos itens, ao *equating* dos instrumentos e para a análise dos resultados. A chamada TRI é realmente importante porque, entre outros aspectos, resolve problemas relacionados à construção de testes e à realização de avaliações em larga escala[2]. A Teoria da Resposta ao Item não invalida os métodos clássicos de análise, mas por ser um instrumento com maiores possibilidades e oferecer resultados mais precisos o seu uso está se generalizando, sobretudo nos Estados Unidos, por influência do *Educational Testing Service* (ETS). A sua matemática é extremamente complexa e seus fundamentos estão nos capítulos escritos por Birnbau (cap. 17 e segs.) na obra fundamental de Lord e Novick [3], a que poucos têm acesso pelo fato de exigir do leitor sofisticação matemática e estatística. Vários *softwares* foram criados para atender às exigências da nova metodologia – BILOG-W (R. J. Mislevy e R. D. Bock); BILOG-MG (M. F. Zimowski; E. Muraki; R. J. Milesvy; R. D. Bock); MULTILOG (D. Thiessen); PARSCALE (E. Muraki; R. D. Bock), entre outros. Os programas por si não resolvem os problemas se o avaliador não tiver uma formação básica que sirva de su-

(2) Mislevy, R. J. Foundations of a New Test Theory. In, Frederiksen, N., Mislevy, R. J. e Bejar, I. I *Test Theory for a New Generation of Tests*. Lawrence Erlbaum Associates Publishers. Hillsdale, New Jersey, 1993.

(3) Lord, F. M. e Novick, M. R *Statistical Theories of Mental Test Scores*. Reading, MA. Addison-Wesley, 1968.

porte às suas necessidades teóricas. A idéia ou a tese que defenderemos é a de que, sem uma base teórica que fundamente a prática da avaliação, o uso de metodologias complexas carecem de sentido, sobretudo quando usadas na disseminação dos resultados a audiências que não têm condições (e nem necessitam) de perceber as implicações de modelos matemáticos usados na solução de problemas complexos no tratamento dos dados. A forma como os resultados são divulgados influenciam consideravelmente o grau de impacto de uma avaliação.

BIBLIOGRAFIA

AIRASIAN, P. W. *Societal Experimentation*. In: MADAUS, G. F. et al. (Ed.) *Evaluation Models-viewpoints on educational and human services evaluation.* Boston, Kluwer-Nijhoff Publishing, 1993.

ALKIN, M. C. *Evaluation Theory Development. Evaluation Comment*, 2, 2-7, 1969.

ALKIN, M. C. *Towards an Evaluation Model*: a Systems Approach. In: TAYLOR, P. A. e COWLEY, D. M. *Readings in Curriculum Evaluation.* W. M. C. Brown Co. Publishing, Dubuque, Iowa, 1972.

ALKIN, M. C. *Curriculum Evaluation Models*. In: WALBERG, H. J. et al. *The International Encyclopedia of Educational Evaluation.*Oxford, Pergamon Press, 1990.

ALKIN, M. C. e DAILAK, R. H. *Impact of Evaluation Studies*. In: WALBERG, H. J. et al. *The International Encyclopedia of Educational Evaluation.* Oxford, Pergamon Press, 1990.

ALKIN, M. C. e ELLETT Jr., F. S. *Development of Evaluation Models*. In: WALBERG, H. L. et al. *The International Encyclopedia of Educational Evaluation.* Oxford, Pergamon Press, 1990.

ANDERSON, S. B. et al. *Encyclopedia of Educational Evaluation*. San Francisco, Jossey-Bass Publishers, 1981.

ATKIN, J. M. *Some evaluation problems in a course content improvement project. Journal of Research in Science Teaching*, 1, p. 129-132, 1963.

ATKIN, J. M. *Research Styles in Science Education. Journal of Research in Science Teaching*, 5, p. 338, 1967.

ATKIN, J. M. *Behavioral Objectives in Curriculum Design*: a cautionary note. In: PAYNE, D. A. *Curriculum Evaluation: Commentaries on Purpose, Process, Product.* Lexington, Mass. D. C. Heath and Company, 1974.

ATKIN, J. M. *Stamp out non-behavioral objectives*. In: HAMILTON, D. et al. *Beyond the Numbers Game.* MacMillan Ltd., London, 1978.

ATKIN, J. M. *Locus for decision-making*. In: HAMILTON, D. et al. *Beyond the Numbers Game.* MacMillan Education Ltd., London, 1978.

BERTRAM, C. L. e CHILDERS, R. D. *A multistage model for evaluating educational products*. In: BORING, G. D. *Evaluating Educational Programs and Products*. Englewood Cliffs, New Jersey, Educational Technology Publications, 1974.

BLOOM, B. S.; HASTINGS, J. J. e MADAUS, G. F. *Handbook on Formative and Summative Evaluation of Student Learning*. New York: McGraw-Hill Book Co., 1971.

BORICH, G. D. *Evaluating Educational Programs and Products*. Englewood Cliffs, New Jersey, Educational Technology Publications, 1974.

BORICH, G. D. *Decision-oriented evaluation*. In: WALBERG, H. L. et al. *The International Encyclopedia of Educational Evaluation*. Oxford, Pergamon Press, 1990.

CARO, F. G. *Readings in Evaluation Research*. New York, Russell Sage Foundation, 1971.

CARO, F. G. *Pesquisa avaliativa: – uma visão panorâmica*. In: GOLDBERG, M. A. A. e SOUZA, C. P. (Org.) *Avaliação de Programas Educacionais: vicissitudes, controvérsias, desafios*. EPU, São Paulo,1982.

CHOPPIN, B. H. *Evaluation, Assessment and Measurement*. In: WALBERG, H. L et al. *The International Encyclopedia of Educational Evaluation*. Oxford, Pergamon Press, 1990.

COLEMAN, J. S. *Evaluating Educational Programs*. In: CARO, F. G. *Readings in Evaluation Research*. New York, Russell Sage Foundation, 1971.

CRONBACH, L. J. *Course Improvement through Evaluation*. *Teachers College Record*, 64, p. 672-83, 1963.

CRONBACH, L. J. *Essentials of Psychological Testing*. New York. Harper and Row, 1979.

CRONBACH, L. J. *Designing Evaluation of Educational and Social Programs*. San Francisco, Jossey-Bass, 1982.

DE LANDSHEERE, D. V. *Taxonomies of Educational Objectives*. In: WALBERG, H. J. et al. *The International Encyclopedia of Educational Evaluation*. Oxford, Pergamon Press, 1990.

DORR-BREMME, D. W. *Naturalistic Evaluation*. In: WALBERG, H. L. et al. *The International Encyclopedia of Educational Evaluation*. Oxford, Pergamon Press, 1990.

EISNER, E. W. *Educational Objectives: help or hindrance? School Review*, 75, nº 3, 1967.

EISNER, E. W. *Instructional expressive educational objectives*: their formulation and use in curriculum. In: W. J. POPHAM (Ed.) *Instructional Objectives*. AERA Monograph Series on Curriculum Evaluation, nº 3, Chicago: Rand McNally, 1969.

EISNER, E.W. *Establishing a direction*. In: HAMILTON, D. et al. *Beyond the Numbers Game*. MacMillan Education Ltd., London, 1978a.

EISNER, E. W. *Implications for Evaluation*. In: HAMILTON, D. et al. *Beyond the Numbers Game*. MacMillan Education Ltd., London, 1978b.

EISNER, E. W. *Thick description*. In: HAMILTON, D. L. et al. *Beyond the Numbers Game*. MacMillan Education Ltd., London, 1978c.

EISNER, E. W. *The use of qualitative forms of evaluation for improving educational practice*. *Educational Evaluation and Policy Analysis*. 1(6), 11-19, 1979.

EISNER, E. W. *Educational Connoisseurship and Criticism: their Form and Functions*. In: Educational Evaluation. *Journal of Aesthetic Education*, nº 3-4, July-October, 1976, p. 135-50. In: MADAUS, G. F. (Ed.) *Evaluation Models*. Boston, Kluwer-Nijhoff Publishing, 1993.

ERAUT, M. R. *Educational Objectives*. In: WALBERG, H. J. et al. *The International Encyclopedia of Educational Evaluation*. Oxford, Pergamon Press, 1990.

ERAUT, M. R. *Intrinsic Evaluation*. In: WALBERG, H. J. et al. *The International Encyclopedia of Educational Evaluation*. Oxford, Pergamon Press, 1990.

GLASER, R. *Evaluation of instruction and changing educational models*. In: M. C. WITTROCK e D. E. WILEY (Ed.) *The Evaluation of Instruction: Issues and Problems*. New York. Holt, Rinehart and Winston, 1970.

GLASS, G. V. e WORTHEN, B. R. *Evaluation and research: similarities and differences*. *Curriculum Theory Network*, Fall, 1971.

GLASS, G. V. *Two Generations of Evaluation Models*. In: TAYLOR, P. A. e COWLEY, D. M. *Readings in Curriculum Evaluation*. W. M. C. Brown Co. Publishing, Dubuque, Iowa, 1972.

GOLDBERG, M. A. A. e SOUZA, C. P. (Org.) *Avaliação de Programas Educacionais: vicissitudes, controvérsias, desafios*. EPU, São Paulo, 1982.

GUBA, E. G. *The failure of educational evaluation*. *Educational Technology*, 9, 1969, p. 29-38, 1969.

GUBA, E. G. *Problems in utilizing the results of evaluation*. *Journal of Research and Development in Education* 8, 42-54, 1975.

GUBA, E. G. e LINCOLN, Y. S. *Effective Evaluation*. San Francisco: Jossey-Bass, 1981.

GUBA, E. G. e LINCOLN, Y. S. *Fourth Generation Evaluation*. Newbury Park, California, Sage Publications, 1989.

GUBA, E. G. e LINCOLN, Y. S. *Epistemological and Methodological Bases of Naturalist Inquiry*. *Educational Communications and Technology Journal*, nº 4, 30, Winter, 1982. In: MADAUS, G. F. et al. *Evaluation Models*. Boston, Kluwer-NIjhoff Publishing,1993.

HAMILTON, D. et al. *Beyond the Numbers Game: a reader in educational evaluation*. London: MacMillan Education, 1978.

HAMMOND, R. L. *Evaluation at the local level*. In: WORTHEN, B. R. e SANDERS, J. R. *Educational Evaluation: Theory and Practice*. Worthington, Ohio, Charles A. Jones Publishing Co., 1973.

HASTINGS, J. T. *Evaluating Change*. In: TAYLOR, P. A. e COWLEY, D. M. *Readings in Curriculum Evaluation*. W. M. C. Brown Co. Publishing, Dubuque, Iowa, 1972.

HOUSE, E. R. *Assumptions underlying evaluation models. Educational Researcher*, March, 1978, p. 4-12. In: MADAUS, F. G. et al. (Ed.) *Evaluation Models*. Boston, Kluwer-Nijhoff Publishing, 1993.

HOUSE, E. R (Ed.) *New Directions in Educational Evaluation*. London/Philadelphia, The Falmer Press, 1989.

HOUSE, E. R. *Evaluation and Legitimacy*. In: HOUSE, E. R. *New Directions in Educational Evaluation*. London/Philadelphia, The Falmer Press, 1989.

HOUSE, E. R. *How we think about evaluation*. In: HOUSE, E. R. *New Directions in Educational Evaluation*. London/Philadelphia, The Falmer Press, 1989.

KATZ, D. S. e MORGAN, R. L. *A holistic strategy for the formative evaluation of educational programs*. In: BORICH,G. D. *Evaluating Educational Programs and Products*. Englewood Cliffs, N. J., Educational Technology Publications, 1974.

KEMMIS, S. *Seven Principles for Programme Evaluation in Curriculum Development and Innovation*. In: HOUSE, E. R. *New Directions in Educational Evaluation*. London/Philadelphia, The Falmer Press, 1989.

KOPPELMAN, K. L. *The Explication Model: An Anthropological Approach to Program Evaluation. Educational Evaluation and Policy Analysis*, nº 3, 1. July-August, 1999, p. 59-64. In: MADAUS, G. F. et al. *Evaluation Models*. Boston, Kluwer-Nijhoff Publishing, 1993.

LEWY, A. *Formative and Summative Evaluation*. In: WALBERG, H. L. et al. *The International Encyclopedia of Educational Evaluation*. Oxford, Pergamon Press, 1990.

LINCOLN, Y. S. e GUBA, E. G. *Naturalistic Inquiry*. Newbury Park, California, Sage Publications, 1985.

LÜDKE, M. *Discussão do trabalho de R. E. Stake*: Estudos de caso em pesquisa e avaliação educacional. *Educação e Seleção*, jan/jun, nº 7, São Paulo, Fundação Carlos Chagas, 1983.

LUFS, M. et al. *A quality assurance model for process evaluation*. In: BORICH, G. D. *Evaluating Educational Programs and Products*. Englewood Cliffs, New Jersey, Educational Technology Publications, 1974.

MADAUS, G. F., AIRASIAN, P. W. e KELLAGHAN, T. *School Effectiveness. A Reassessment of the Evidence*. New York, McGraw-Hill Book Company, 1980.

MADAUS, G. F. et al. *Evaluation Models - Viewpoints on Educational and Human Services Evaluation*. Boston, Kluwer-Nijhoff Publishing, 1993.

MADAUS, G. F. *The Clarification Hearing*: A Personal View of the Process. *Educational Researcher*. January 1982, p. 4-11. In: MADAUS, G.F. (Ed.) *Evaluation Models*. Boston, Kluwer-Nijhoff Publishing, 1993.

METFESSEL, N. S. e MICHAEL, W. B. *A paradigm involving multiple criterion measures for the evaluation of the effectiveness of school programs. Educational and Psychological Measurement,* 27, 1967, p. 931-43.

MILMAN, J. *Selecting educational researchers and evaluators.* ERIC *Clearinghouse on tests, measurement and evaluation. ETS.* Princeton, New Jersey, 1975.

NEVO, D. *Conceptualization of Educational Evaluation:* An Analytical Rewiew of the Literature. In: HOUSE, E. R. *New Directions in Educational Evaluation.* London/Philadelphia, The Falmer Press, 1989.

NEVO, D. *Role of Evaluation.* In: WALBERG, H. J. et al. *The International Encyclopedia of Educational Evaluation.* Oxford, Pergamon Press, 1990.

NORRIS, N. *Understanding Educational Evaluation.* Kogan Page. London, 1993. Published in Association with CARE – School of Education, University of East Anglia.

PARLETT, M. R. *Illuminative Evaluation.* In: WALBERG, H.L. et al. *The International Encyclopedia of Educational Evaluation.* Oxford, Pergamon Press, 1990.

PARLETT, M. e HAMILTON, D. *Evaluation as illumination:* a new approach to the study of innovatory programs. In: GLASS, G.V. (Ed.) *Evaluation studies review annual.* Vol. 1. Beverly Hills, California, Sage, 1976.

PAYNE, D. A. (Ed.) *Curriculum Evaluation: Commentaries on Purpose, Process, Product.* Lexington, Mass. D.C. Heath and Company, 1974.

PAYNE, D. A. *Toward a characterization of curriculum evaluation.* In: Payne, D. A. (Ed.) *Curriculum Evaluation.* Prentice-Hall. Englewood Cliffs, New Jersey, 1975.

POPHAM, W. J. *Educational Evaluation.* Englewood Cliffs, New Jersey, Prentice-Hall Inc., 1975.

POPHAM, W. J. *Must all objectives be behavioural?* In: HAMILTON et al. *Beyond the Numbers Game.* MacMillan Ltd. London, 1978.

POPHAM, W. J. *A Twenty-year Perspective on Educational Objectives.* In: WALBERG, H. J. et al. *The International Encyclopedia of Educational Evaluation.* Oxford, Pergamon Press, 1990.

POPHAM, W. J. e CARLSON, D. *Deep Dark Deficits of the Adversary Evaluation Model. Educational Researcher,* June, 1977, p. 3-6. In: MADAUS,G. F. *Evaluation Models.* Boston, Kluwer-Nijhoff Publishing, 1993.

PROVUS, M. M. *Evaluation of ongoing programs in the public school system. National Society for the Study of Evaluation - NSSE 68th Yearbook,* Part II, 1969, p. 242-283.

PROVUS, M. M. *The Discrepancy Evaluation Model.* In: TAYLOR, P. A. e COWLEY, D. M. *Readings in Curriculum Evaluation.* W. M. C. Brown Co. Publishing, Dubuque, Iowa, 1972.

PROVUS, M. M. *Discrepancy Evaluation*. Berkeley, California, McCuthan, 1973.

REYNOLDS, A. J. e WALBERG, H. J. *Program Theory in Evaluation*. In: WALBERG, H.L. et al. *The International Encyclopedia of Educational Evaluation*. Oxford Pergamon Press, 1990.

RIDINGS, J. M. e STUFFLEBEAM, D. L. *The Project to Develop Standards for Educational Evaluation*: its past and future. *Studies in Educational Evaluation*, vol. 7, Pergamon Press Ltd. Great Britain, 1981.

ROSE, C. e NYRE, G. F. *The Practice of Evaluation*. ERIC – Clearinghouse on Tests, Measurement and Evaluation, Educational Testing Service, Princeton, 1977.

ROSS, L. e CRONBACH, L. J. (Ed.) *Handbook of evaluation research: Essay review by a task force of the Stanford Evaluation Consortium*. *Educational Researcher*, 5, 10, p. 9-10. 1976.

ROSSI, P. H. *Evaluating Educational Programs*. In: CARO, F. G. *Readings in Evaluation Research*. New York, Russell Sage Foundation, 1971.

SANDERS, J. R. *Curriculum Evaluation Models*. In: WALBERG, H. J. et al. *The International Encyclopedia of Educational Evaluation*. Oxford, Pergamon Press, 1990.

SCHEERENS, J. *Beyond decision-oriented evaluation*. In: WALBERG, H. L. et al. *The International Encyclopedia of Educational Evaluation*. Oxford, Pergamon Press, 1990.

SCHUBERT, W.H. *Curriculum Validation*. In: WALBERG. H.J. et al. *The International Encyclopedia of Educational Evaluation*. Oxford, Pergamon Press, 1990.

SCHUBERT, W.H. e SCHUBERT, A. L. *Alternative Paradigms in Curriculum Inquiry*. In: WALBERG, H. J. et al. *The International Encyclopedia of Educational Evaluation*. Oxford, Pergamon Press, 1990.

SCRIVEN, M. *The Methodology of Evaluation*. Perspectives of Curriculum Evaluation. AERA. Monograph 1, Rand McNally and Co., Chicago, 1967.

SCRIVEN, M. *Evaluating Educational Programs*. In: CARO, F. G. *Readings in Evaluation Research*. New York, Russell Sage Foundation, 1971.

SCRIVEN, M. *Pros and Cons about Goal-free Evaluation*. *Evaluation Comment*, 3 (4), p.1-7. 1972a.

SCRIVEN, M. *An Introduction to Meta-Evaluation*. In: TAYLOR, P. A. e COWLEY, D. M. *Readings in Curriculum Evaluation*. W. M. C. Brown Co. Publishing, Dubuque, Iowa. 1972b.

SCRIVEN, M. *Goal-Free Evaluation*. In: HOUSE, E. R. (Ed.) *School Evaluation – The Politics and Process*. Berkeley, California, McCutchan Publishing Corporation, 1973.

SCRIVEN, M. *The Concept of Evaluation*. In: APPLE, M. W. et al. (Ed.) *Education Evaluation: – Analysis and Responsibility*. Berkely, California, McCutchan Publishing Corporation, 1974.

SCRIVEN, M. *Standards for the evaluation of educational programs and products*. In: G. D. BORICH (Ed.) *Evaluating educational programs and products*. Englewood Cliffs, N. J. Educational Technology Publications, 1974.

SCRIVEN, M. *Evaluation perspectives and procedures*. In: W. J. POPHAM (Ed.) *Evaluation in Education*. Berkeley, California. McCutchan, 1974.

SCRIVEN, M. *Evaluation as a Paradigm for Educational Research*. In: E. R. HOUSE. *New Directions in Educational Evaluation*. London/Philadelphia. The Falmer Press, 1989.

SCRIVEN, M. *Evaluation Ideologies*. In: MADAUS, G. F. et al. (Ed.) *Evaluation Models-viewpoints on educational and human services evaluation*. Boston, Kluwer-Nijhoff Publishing, 1993.

SHRINKFIELD, A. J. *Designing Evaluations of Educational and Social Progress by Lee J. Cronbach*: a Synopsis. In: MADAUS, G. F. et al. (Ed.) *Evaluation Models – viewpoints on educational and human services evaluation*. Boston, Kluwer-Nijhoff Publishing, 1993.

SMITH, N. L. *The Progress of Educational Evaluation*: – Rounding the First Bends in the River. Proceedings of 1980 Minnesota Evaluation Conference on Educational Evaluation: Recent Progress, Future Needs. In: MADAUS, G. F. et al. (Ed.) *Evaluation Models*. Boston, Kluwer-Nijhoff Publishing, 1993.

SOSNIAK, L. A. *Curriculum Feasibility Studies*. In: WALBERG, H. J. et al. *The International Encyclopedia of Educational Evaluation*. Oxford, Pergamon Press, 1990.

STAKE, R. E. *The countenance of educational evaluation*. *Teachers College Record*, 68, nº 7, p.523-540, 1967.

STAKE, R. E. *Objectives, priorities, and other judgment data*. *Review of Educational Research*. 40 (2), p. 181-212, 1970

STAKE, R. E. *Measuring what learners learn (with special look at performance contracting)*. In: E. HOUSE (Ed.) *School Evaluation*. Berkeley, California, McCutchan, 1973.

STAKE, R. E. *Program Evaluation, Particularly Responsive Evaluation*. (paper) Institute of Education at Göteborg University, 1973.

STAKE, R. E. *Language, Rationality, and Assessment*. In: PAYNE, D. (Ed.) *Curriculum Evaluation: Commentaries on Purpose, Process, Product*. Lexington, Mass. D. C Heath and Company, 1974.

STAKE, R. E. (Ed.) *To Evaluate an Arts Program*. In: *Evaluating the Arts in Education. A Responsive Approach*. Columbus, Ohio, Merrill, 1975.

STAKE, R. E. *The Case Study Method in Social Inquiry*. Educational Researcher, February, 7, 1978, p.5-8. In: MADAUS, G. F.(Ed.) *Evaluation Models*. Boston, Kluwer-Nijhoff Publishing, 1993.

STAKE, R. E. *Novos Métodos para Avaliação de Programas Educacionais*. In: GOLDBERG, M. A. A. e SOUZA, C. P. (Org.) *Avaliação de Programas Educacionais:- vicissitudes, controvérsias, desafios*. EPU, São Paulo, 1982a.

STAKE, R. E. *Uma Subjetividade Necessária em Pesquisa Educacional*. In: GOLDBERG, M. A. A. e SOUZA, C. P. (Org.) *Avaliação de Programas Educacionais: vicissitudes, controvérsias, desafios*. EPU, São Paulo, 1982b.

STAKE, R. E. *Conversando sobre Avaliação*. In: GOLDBERG, M. A. A. e SOUZA, C. P. (Org.) *Avaliação de Programas Educacionais: vicissitudes, controvérsias, desafios*. EPU, São Paulo, 1982c.

STAKE, R. E. *Como os Avaliadores Responderam a Sete Questões Essenciais*. In: GOLDBERG, M. A. A. e SOUZA, C. P. (Org.) *Avaliação de Programas Educacionais: vicissitudes, controvérsias, desafios*. EPU, São Paulo, 1982d.

STAKE, R. E. *Pesquisa qualitativa/naturalista – problemas epistemológicos*. *Educação e Seleção*, jan/jun., nº 7. 1983a. Trad. de H. M. Vianna, São Paulo, Fundação Carlos Chagas.

STAKE, R. E. *Estudos de caso em pesquisa e avalição educacional*. *Educação e Seleção*, jan/jun., nº 7, 1983b. Trad. de H. M. Vianna. São Paulo, Fundação Carlos Chagas.

STAKE, R. E. *Qualitative Inquiry to Promote Understanding*. (paper) *Interamerican Congress of Educational Administrator*. Brasília, 1984.

STAKE, R. E. *An Evolutionary View of Program Improvement*. In: HOUSE, E. R. *New Directions in Educational Evaluation*. London/Philadelphia, The Falmer Press, 1989.

STAKE, R. E. *Responsive Evaluation*. In: WALBERG, H.J. et al. *The International Encyclopedia of Educational Evaluation*. Oxford, Pergamon Press, 1990.

STAKE. R. E. *Retrospective on "The Countenance of Educational Evaluation"*. (paper). Version of 27/09/90.

STAKE, R. E. *Program Evaluation, Particularly Responsive Evaluation*. (Paper) Conference on New Trends in Evaluation, Göteborg, Suécia, 1973. In: MADAUS, G. F. et al. (Ed.) *Evaluation Models*. Boston, Kluwer-Nijhoff Publishing, 1993.

STAKE, R. E. e KERR, D. *René Magritte, Constructivism and the Researcher as Interpreter*. American Educational Research Association, AERA, 1994

STAKE, R. E. Case Studies. In: DENZIN, N. e LINCOLN, Y. *Handbook of Qualitative Research*. Sage Publications. Thousand Oaks, California, 1994.

STAKE, R. E. e PEARSOL, J. A . *Evaluating Responsively*. In: BRANDT, R. S. (Ed.) *Applied Strategies for Curriculum Evaluation*. ASCD, 1981.

STAKE, R. E. e TRUMBULL, D. B. *Naturalistic Generalization*. *Review Journal of Philosophy and Social Science*. vol. VII, nºs 1 e 3, India, 1982.

STANDARS *for EVALUATIONS of EDUCATIONAL PROGRAMS, PROJECTS, and MATERIALS.* The Joint Committee on Standards for Educational Evaluation. New York. McGraw-Hill Book Co., 1981

STECHER, B. *Goal-free evaluation.* In: WALBERG, H. L. et al. *The International Encyclopedia of Educational Evaluation.* Oxford, Pergamon Press, 1990

STEINMETZ, A. *The Discrepancy Evaluation Model.* Measurement in Education. nº 1, 7, 1976, p. 1-7; nº 2, 7, 1976, p. 1-6. In: MADAUS, G.F. (Ed.) *Evaluation Models.* Boston, Kluwer-Nijhoff Publishing, 1993.

STRAW, R. B. e COOK, T. D. *Meta-evaluation.* In: WALBERG, H.L. et al. *The International Encyclopedia of Educational Evaluation.* Oxford, Pergamon Press, 1990.

STRICKLAND, K. *Eight-year Study.* In: WALBERG, H. J. et al. *The International Encyclopedia of Educational Evaluation.* Oxford, Pergamon Press, 1990.

STUFFLEBEAM, D. L. *Evaluation as enlightment for decision making.* In: BEATTY, W. H. (Ed.) *Improving Educational Assessment and an Inventory of Measures of Affective Behavior.* Washington, D.C. NEA, 1969.

STUFFLEBEAM, D. L. *The relevance of the CIPP Evaluation Model for Educational Accountability. Journal of Research and Development in Education,* 5 (1), p. 19-25, 1971.

STUFFLEBEAM, D. L. *Alternative Approaches to Educational Evaluation*: a self-study guide for educators. In: POPHAM, W. J. (Ed.) *Evaluation in Education.* Berkeley, California, McCutchan Publ. Corporation, 1974.

STUFFLEBEAM, D. L. *The CIPP Model for Program Evaluation.* In: MADAUS, F.G. et al. *(Ed.) Evaluating Models – viewpoints on Educational and Human Services Evaluation.* Boston, Kluwer-Nijhoff Publishuing, 1993.

STUFFLEBEAM, D. L. e MADAUS, G. F. *The Standards for Evaluation of Educational Programs, Projects, and Materials: a description and summary.* In: MADAUS, G. F. et al. *Evaluation Models.* Boston, Kluwer-Nijhoff Publishing, 1993.

STUFFLEBEAM, D. L. et al. *An Introduction to the PDK book: Educational Evaluation and Decision-Making.* Itasca, Ill. F.E. Peacock Publishers, Inc., 1971.

STUFFLEBEAM, D., KELLAGHAN, T. e ALVAREZ, B. *La Evaluación Educativa – evidencias científicas y cuestionamientos políticos.* Biblioteca Internacional Bogotá, Colombia, s/d.

STUFFLEBEAM, D. L. e WEBSTER, J. *An Analysis of Alternative Approaches to Evaluation. Educational Evaluation and Policy Analysis,* 2 (3), p. 5-19, 1980.

SUCHMAN, E. A. *Evaluating Educational Programs.* In: CARO, F. G. *Readings in Evaluation Research.* New York, Russell Sage Foundation, 1971.

TAYLOR, P. A. e COWLEY, D. M. *Readings in Curriculum Evaluation.* W.M.C. Brown Co. Publishing, Dubuque, Iowa, 1972.

TAYLOR, P. A. e COWLEY, D. M. *New Dimensions of Evaluation.* In: TAYLOR, P. A. e COWLEY, D. M. *Readings in Curriculum Evaluation.* W. M. C. Brown Co. Publishing, Dubuque, Iowa, 1972.

TAYLOR, P. A. e MAGUIRE, T. O. *A Theoretical Evaluation Model. Manitoba Journal of Educational Research.* June, 1966.

TYLER, R. W. *General Statement on Evaluation. Journal of Educational Research,* 35, p. 492-501, 1942.

TYLER, R. W. *Considerations in Selecting Objectives.* In: PAYNE, D. (Ed.)*Curriculum Evaluation: Commentaries on Purpose, Process, Product.* Lexington, Mass. D.C. Heath and Company, 1974.

TYLER, R. W. *Avaliando Experiências de Aprendizagem.* In: GOLDBERG, M. A. A. e SOUZA, C. P. (Org.) *Avaliação de Programas Educacionais: vicissitudes, controvérsias, desafios.* EPU, São Paulo, 1982.

TYLER, R. W. *Evaluating Learning Experiences.* In: HAMILTON, D. *Beyond the Numbers Game.* Mac Millan Ltd. London, 1978.

TYLER, R. W. *A Rationale for Program Evaluation.* In: MADAUS, G. F. et al. (Ed.) *Evaluation Models. Viewpoints on Educational and Human Services Evaluation.* Boston, Kluwer-Nijhoff Publishing, 1993.

VIANNA, H. M. *Avaliação Educacional*: algumas idéias precursoras. *Educação e Seleção,* jul-dez, nº 6, Fundação Carlos Chagas, São Paulo, 1986.

VIANNA, H. M. *Medida da Qualidade na Educação*: apresentação de um modelo. *Estudos em Avaliação Educacional*, nº 2, jul-dez, Fundação Carlos Chagas, São Paulo, 1990.

WAHLSTROM, M. M. e TRAUB, R. *E. Evaluation du rendement scolaire. Documentation et information pédagogique. Bulletin International d'Éducation.* nº 184, UNESCO, Paris, 1972.

WALBERG, H. J. e HAERTEL, G. D. *The International Encyclopedia of Educational Evaluation.* Oxford, Pergamon Press, 1990.

WALBERG, H. J. e HAERTEL, G. D. *Evaluation Approaches and Strategies-Introduction.* In: WALBERG, H. L. et al. *The International Encyclopedia of Educational Evaluation.* Oxford, Pergamon Press, 1990.

WALBERG, H. J. e HAERTEL, G. D. *Curriculum Evaluation.* In: WALBERG, H. J. et al. *The International Encyclopedia of Educational Evaluation.* Oxford, Pergamon Press, 1990.

WALKER, R. *Three Good Reasons for Not Doing Case Studies in Curriculum Research.* In: HOUSE, E. R. *New Directions in Educational Evaluation.* London/ Philadelphia, The Falmer Press, 1989.

WALKER, J. P. *A Quality Assurance Model for Educational Research and Development.* In: BORICH, G. D. *Evaluating Educational Programs and Products.* Englewood Cliffs, New Jersey, Educational Technology Publications, 1974.

WELCH, W. W. e WALBERG, H. J. *A Course Evaluation.* In: WALBERG, H. J., (Ed.) *Evaluating Educational Performance.* Berkeley, California, McCutchan Publishing Corportation, 1974.

WELTY, G. *Evaluative Research and Research Design*. In: TAYLOR, P. A. e COWLEY, D. M. *Readings in Curriculum Evaluation*. W. M. C. Brown Co. Publishing, Dubuque, Iowa,1972.

WILLEMS, E. P. *Implications of Viewing Educational Evaluation as Research in the Behavioral Sciences*. In: TAYLOR, P. A. e COWLEY, D. M. *Readings in Curriculum Evaluation*. W.M.C. Brown Co. Publishing, Dubuque, Iowa, 1972.

WILLIS, G. *Qualitative Curriculum Evaluation*. In: WALBERG, H. J. et al. *The International Encyclopedia of Educational Evaluation*. Oxford, Pergamon Press, 1990.

WISEMAN, S. e PIDGEON, P. *Curriculum Evaluation*. National Foundation for Educational Research (NFER) in England and Wales, London, 1970.

WOLF, R. M. *A Framework for Evaluation*. In: WALBERG, H. L. et al. *The International Encyclopedia of Educational Evaluation*. Oxford, Pergamon Press, 1990.

WOLF, R. M. *The Nature of Educational Models*. In: WALBERG, H. L. et al. *The International Encyclopedia of Educational Evaluation*. Oxford, Pergamon Press, 1990.

WORN, B. R. *Visão Geral do Mosaico Formado pela Avaliacão e Controle Educational*. In: GOLDBERG, M. A. A. e SOUZA, C. P. (Org.) *Avaliação de Programas Educacionais: vicissitudes, controvérsias, desafios*. EPU, São Paulo, 1982.

WORTHEN, W. R. *Competencies for educational research and evaluation. Educational Research*, 4, 1975.

WORTHEN, W. R. *Program Evaluation*. In: WALBERG, H. L. et al. *The International Encyclopedia of Educational Evaluation*. Oxford, Pergamon Press, 1990.

WORTHEN, B. R.; SANDERS, J.R. *Educational Evaluation: theory and practice*. Belmont, California, Wadsworth, 1973.

WORTHEN, B. R.; SANDERS, J. R. *Educational Evaluation: – alternative approaches and practical guidelines*. New York-London, Longman, 1987.

WRIGHT, W. J. e HESS, R. J. *A criteria acquisition model for educational product*. In: BORICH, G. D. *Evaluating Educational Programs and Products*. Englewood Cliffs. New Jersey, Educational Thechnology Publications, 1974.

ANEXO

MEDIDA DA QUALIDADE EM EDUCAÇÃO: APRESENTAÇÃO DE UM MODELO*

HERALDO MARELIM VIANNA

O problema da qualidade em educação é uma preocupação da sociedade como um todo. Subjacentemente, o conceito de responsabilidade educacional – *educational accountability* – permeia essa inquietação, ou seja, havendo pessoal qualificado, condições materiais, instrumental instrucional, metodologias e estratégias adequadas, a educação formal deveria ser, necessariamente, de boa qualidade. Isso, entretanto, nem sempre ocorre, pois uma complexa rede de variáveis atua no processo e cria um quadro de elementos interferentes que determinam níveis diversos de excelência educacional.

Algumas indagações surgem de imediato: como conceituar qualidade em educação? Será possível uma definição operacional de qualidade em educação a fim de mensurá-la com adequação? O problema precisa ser analisado e discutido com a participação da comunidade educacional e de elementos da sociedade. A medida da qualidade em educação, entretanto, não pode ficar restrita apenas ao desempenho escolar. Necessita, também, verificar outras variáveis que se associam e condicionam o rendimento escolar. O que as crianças fazem na escola, o que os professores procuram transmitir aos seus alunos e o que os livros didáticos apresentam refletem expectativas culturais e educacionais da sociedade, bem como seus valores e seus objetivos sociais e econômicos. Assim,

* *Estudos em Avaliação Educacional*, nº 2 São Paulo. Fundação Carlos Chagas, 1990.

é impositivo verificar em que medida a interação dessas variáveis contribui para a qualidade da educação.

É necessário reiterar que a avaliação da qualidade da educação não se limita apenas à verificação do rendimento escolar, que é um momento na caracterização dessa qualidade. O desempenho dos estudantes, em pesquisas da qualidade da educação, é melhor compreendido e interpretado quando se levantam informações sobre o tipo de ensino que recebem, os procedimentos que vivenciam em sala de aula e no colégio e, ainda, sobre as características ambientais da família, que determinam o seu comportamento. Assim, pesquisa sobre qualidade da educação precisa caracterizar o contexto em que o processo educacional se desenvolve, identificar, criticamente, os fatores não-diretamente ligados à escola que afetam a educação e analisar a ação da escola em termos de entrada, processo e produto.

A avaliação da qualidade da educação deve, necessariamente, partir de uma análise do contexto, envolvendo as características da população, os seus valores culturais, os investimentos financeiros em educação e a organização das escolas. As características da população não se devem limitar a estatísticas demográficas, mas apresentar e discutir os vários níveis de educação, o processo de transformação da economia e a composição da força de trabalho, assim como suas tendências. Os valores culturais da sociedade precisam ser identificados, destacando-se, particularmente, a problemática da maior ou menor valorização da educação, o papel da educação no desenvolvimento individual e na formação profissional, as oportunidades educacionais oferecidas pela sociedade e o grau de universalização da educação. Além disso, problemas cruciais como o do *status* do professor na sociedade e a responsabilidade da família na educação necessitam também ser pesquisados. Os investimentos financeiros em educação não podem deixar de ser considerados como uma das importantes variáveis que influenciam na qualidade da educação, juntamente com a alocação de recursos humanos qualificados para a área educacional. Finalmente, no quadro do contexto, a avaliação da qualidade da educação deve levar em conta a organização do sistema escolar, identificando os diversos tipos de escola, os graus de centralização administrativa, a influência do processo de seletividade social na escola e a organização do sistema de avaliação, que, dependendo da sua filosofia e da sua estruturação, pode criar diferentes tipos de impedimentos, com amplas repercussões sociais.

A criança, e mesmo o adolescente, na maioria dos casos, passa um tempo extremamente reduzido na escola. Desse modo, a fim de avaliar a qualidade da sua educação, é fundamental que sejam investigados os fatores não-diretamente ligados à escola, que compreenderão, entre outros aspectos, o *status* sócio-econômico da família, o nível de educação dos pais, os recursos educacionais no lar, o interesse e a participação dos pais no processo educacional, as atividades educacionais fora da escola, as atividades de lazer e sociais (televisão, esportes e interação de grupos) e, ainda, uma análise das atitudes e das aspirações dos estudantes.

A investigação sobre a qualidade da educação envolve, naturalmente, aprofundada discussão da variável escola, que, no presente modelo, sofre uma abordagem em termos de entrada, processo e produto. A partir dessa perspectiva, para a configuração do fator entrada, é desejável a identificação e análise das variáveis tamanho e tipo de escola; extensão do ano letivo e da jornada escolar; tamanho, características e experiência do pessoal docente; qualidade das instalações escolares; organização dos programas escolares e, finalmente, a participação dos pais na vida escolar.

A parte do modelo mais diretamente relacionada à sala de aula, ao que é ensinado e como é ensinado, no seu conjunto, engloba as variáveis processo, que se centram na avaliação do currículo e das práticas instrucionais. A avaliação do currículo visa, particularmente, a análise dos objetivos e dos conteúdos programáticos, procurando identificar em que medida são destacados fatos, conceitos e/ou habilidades complexas. Ainda na variável processo, o conjunto das práticas instrucionais procura identificar o tipo de instrução ministrada (em grandes e pequenos grupos e/ou instrução programada); a ocorrência de aulas expositivas, demonstrações e/ou discussões; o uso de material didático (impressos e equipamentos); a natureza das tarefas a serem realizadas em casa, e a crítica das práticas docimológicas, ou seja, a análise do planejamento e da execução da avaliação escolar.

O modelo ora apresentado completa-se com a avaliação da variável produto, concentrada no desempenho escolar e na formação de atitudes associadas ao processo educacional, momento em que serão empregados diferentes instrumentos de mensuração escolar, inclusive testes de escolaridade e questionários de atitudes e interesses.

Um projeto de avaliação da qualidade da educação, dessa forma, deve relacionar o desempenho dos estudantes a contextos culturais e a práticas educacionais associadas ao rendimento escolar. Surge, assim, um grave problema a ser discutido – a validade dos instrumentos, particularmente a validade dos testes de escolaridade.

O uso de testes sem a observância da teoria das medidas contribui para que sejam negligenciadas importantes características dos instrumentos aplicados à mensuração dos atributos humanos. Diferentes testes possuem diferentes virtudes e não existe um teste que seja útil para todos os propósitos. Um teste é sempre construido com uma determinada finalidade, não havendo, portanto, um único instrumento que seja capaz de medir de modo globalizado as diferentes dimensões do homem. Assim, ao construir um teste, é necessário que se identifique o objetivo do instrumento e em que situação concreta será utilizado. Um teste para uso em sala de aula, com a finalidade de promover uma avaliação formativa, não tem, certamente, as mesmas características de um outro utilizado para fins de seleção, quando se processa uma avaliação somativa. Um teste serve, ainda, para um determinado contexto e para um fim específico, não tendo a mesma utilidade em outros contextos e para outros fins.

As questões relativas à validade dos testes educacionais são complexas e, freqüentemente, sujeitas a controvérsias, que, entretanto, precisam ser enfrentadas, a fim de solucionar os problemas relativos à construção dos instrumentos de medida, à sua análise empírica e ao julgamento do seu valor como elementos capazes de medirem os atributos definidos no planejamento.

O processo de avaliação de um teste possui uma lógica própria, ressaltando-se, entretanto, que a validação de um teste depende do uso que dele se pretenda fazer. Um teste nunca possui um único e exclusivo objetivo. Desse modo, não se pode assegurar que um teste seja válido em termos gerais. A validação de um instrumento de medida educacional está, pois, relacionada à interpretação que ao mesmo se pretenda dar.

A validade de um instrumento de medida está associada à concretização dos seus objetivos. Assim, no caso específico de um teste de desempenho escolar, a validade é positivada na medida em que esse instrumento realiza aquilo a que se propuseram seus construtores. O conceito de validade, entretanto, é multifacetado, não sendo possível dizer, *a priori*, se um teste é ou não válido: – um teste pode ser válido para um currículo e não o ser para outro; um teste pode ser válido para um grupo, mas não para outro. A validade não é, pois, um atributo que se possa apresentar em termos gerais; é sempre específica a um instrumento, a um curso, a um currículo, a um professor e a um grupo de indivíduos com características bem definidas.

O processo de validação presta-se a diferentes interpretações muitas vezes conflitantes entre si, sendo necessário, por conseguinte, maiores esclarecimentos sobre sua natureza. Valida-se não propriamente o teste, mas a interpretação dos dados decorrentes de um procedimento específico. Um mesmo teste pode ser usado para diferentes fins e a cada aplicação do instrumento pode corresponder, portanto, uma interpretação dos resultados. Ora, considerando que cada interpretação tem seu próprio grau de validade, não é possível afirmar que um teste é válido em geral, pois a validade é sempre específica. Um teste, em síntese, possui muitas validades; conseqüentemente, há necessidade de aprofundar e estender os estudos de validação para que se possa determinar as diversas dimensões dessa importante característica.

O problema da validação dos instrumentos necessita receber tratamento prioritário no processo investigativo da qualidade da educação, conforme a análise anterior. O uso indiscriminado de instrumentos de avaliação pode levar a conclusões inteiramente falaciosas, com amplas repercussões. Nesse momento, cabem algumas indagações referentes ao contexto educacional brasileiro: – os instrumentos usados para fins de avaliação educacional possuem validade empiricamente verificada? Os instrumentos usados pelos professores possuem validade curricular? Os instrumentos empregados no dia-a-dia da escola possuem validade de conteúdo? E, finalmente, uma pergunta dolorosa: – os altos índices de reprovação nas primeiras séries do 1º grau não decorreriam, em parte, da falta de validade dos instrumentos usados na avaliação? São questões que precisariam ser respondidas no processo de investigação da qualidade da educação.

Biblioteca "ÊXITO"

Volumes publicados:

1. *Do Fracasso ao Sucesso na Arte de Vender*	Frank Bettger
2. *As Cinco Grandes Regras do Bom Vendedor*	Percy Whiting
3. *Vença Pelo Poder Emocional*	Eugene J. Benge
4. *Sucesso na Arte de Viver*	Harold Sherman
5. *A Arte de Vender Para a Mulher*	Janet Wolf
6. *TNT — Nossa Força Interior*	H. Sherman e C. Bristol
7. *O Segredo da Eficiência Pessoal*	Donald A. Laird
8. *Realize Suas Aspirações*	Elmer Wheeler
9. *Dinamize Sua Personalidade*	Elmer Wheeler
10. *Vença Pela Força do Pensamento Positivo*	Pierre Vachet
11. *Venda Mais e Melhor*	W. K. Lewis
12. *A Chave do Sucesso*	W. G. Damroth
13. *Os Sete Segredos Que Vendem*	E. J. Hegarty
14. *Psicologia Aplicada na Arte de Vender*	Donald A. Laird
15. *Grandes Problemas e Grandes Soluções do Vendedor Moderno*	Percy H. Whiting
16. *Ajuda-te Pela Cibernética Mental*	U. S. Anderson
17. *Super-TNT — Liberte Suas Forças Interiores*	Harold Sherman
18. *O Poder da Comunicação*	J. V. Cerney
19. *O Poder da Cibernética Mental*	R. Eugene Nichols
20. *Leis Dinâmicas da Prosperidade*	Catherine Ponder
21. *Leitura Dinâmica em 7 Dias*	William S. Shaill
22. *A Psicologia da Comunicação*	Jesse S. Nirenberg
23. *Criatividade Profissional*	Eugene Von Fange
24. *O Poder Criador da Mente*	Alex F. Osborn
25. *Arte e Ciência da Criatividade*	George F. Kneller
26. *Use o Poder de Sua Mente*	David J. Schwarts
27. *Para Enriquecer Pense Como um Milionário*	Howard E. Hill
28. *Desperte Sua Força Mental*	Alex F. Osborn
29. *Criatividade — Progresso e Potencial*	Calvin W. Taylor
30. *Criatividade — Medidas, Testes e Avaliações*	E. Paul Torrance
31. *Psicologia, Técnica e Prática de Vendas*	Constantino Grecco
32. *Vença Pela Fé*	Gordon Powell
33. *Idéias Para Vencer*	Myron S. Allen
34. *A Força do Poder Interior*	J. J. McMahon
35. *O Líder — 500 Conceitos de Liderança*	Ilie Gilbert
36. *Gerência de Lojas*	Constantino Grecco
37. *O Líder — vol. II*	Ilie Gilbert
38. *Viver Agora*	Joel S. Goldsmith
39. *O Líder — vol. III*	Ilie Gilbert
40. *Nos Bastidores da Venda*	I. R. Petarca
41. *Manual de Criatividade*	Mauro Rodrigues
42. *A Alegria do Triunfo*	Patrick Estrade
43. *Ajuda-te Pela Magia*	J. M. Nogueira
44. *Liderança Com Sucesso*	Isabel F. Furini
45. *O Poder do Subconsciente*	Marcel Rouet
46. *Otimismo em Ação*	Isabel F. Furini
47. *Como Tornar-se um Campeão de Vendas*	Celso Skrabe
48. *Os Sete Pilares do Sucesso em Vendas*	Jonathan Evetts
49. *Negociação Personalizada*	Tom Anastasi
50. *Salmos Para a Prosperidade*	Daniel G. Fischman
51. *Salmos Para a Proteção*	Daniel G. Fischman
52. *Meditando Dia-a-Dia*	Kinara Ananda
53. *Vender É uma Arte*	Terri Murphy
54. *Show de Vendas*	Sidney A. Friedman

Biblioteca "SAÚDE"

Volumes publicados:

1.	*Controle Sua Pressão*	W. A. Brams
2.	*Vença o Enfarte*	W. A. Brams
3.	*Glândulas, Saúde e Felicidade*	W. H. Orr
4.	*Cirurgia ao Seu Alcance*	R. E. Rotenberg
5.	*Ajude Seu Coração*	Vários autores
6.	*Saúde e Vida Longa Pela Boa Alimentação*	Lester Morrison
7.	*Guia Médico do Lar*	Morris Fishbein
8.	*Vida Nova Para os Velhos*	Heins Wolterek
9.	*Coma Bem e Viva Melhor*	Ancel & Margaret Keys
10.	*O Que a Mulher Deve Saber*	H. Imerman
11.	*Parto Sem Dor*	Pierre Velay
12.	*Reumatismo e Artrite*	John H. Bland
13.	*Vença a Alergia*	Harry Swartz
14.	*Manual de Primeiros Socorros*	Joel Hartley
15.	*Cultive Seu Cérebro*	Robert Tocquet
16.	*Milagres da Novocaína*	Henry Marx
17.	*A Saúde do Bebê Antes do Parto*	Ashley Montagu
18.	*Derrame – Tratamento e Prevenção*	Marta T. Sarno
19.	*Viva Bem Com a Coluna que Você Tem*	José Knoplich
20.	*Vença a Incapacidade Física*	Howard A. Rusk
21.	*O Bebê Perfeito*	V. Apgar & J. Beck
22.	*Acabe Com a Dor*	Roger Dalet
23.	*Causas Sociais da Doença*	Richard Totman
24.	*Alimentação Natural*	Vários autores
25.	*Dor de Cabeça – Sua Origem e Cura*	C. Loisy & S. Pélage
26.	*O Tao da Medicina*	Stephen Fielder
27.	*Chi-Kong / Os Exercícios Chineses de Saúde*	G. Edde
28.	*Cronobiologia Chinesa*	G. Faubert & P. Crepon
29.	*Nutrição e Doença*	Carlos E. Leite
30.	*A Medicina Nishi*	Katsuso Nishi
31.	*Endireite as Costas*	José Knoplich
32.	*Medicinas Alternativas*	Paulo E. Gonsalves (org.)
33.	*A Cura Pelas Flores*	Aluísio J. R. Jr.
34.	*Domine Seus Nervos*	Claire Weekes
35.	*A Medicina Ayur-Védica*	Gerard Edde
36.	*Prevenindo a Osteoporose*	José Knoplich
37.	*Salmos Para a Saúde*	Daniel G. Fishman
38.	*Alimentos que Curam*	Paulo E. Gonsalves
39.	*Plantas que Curam*	Sylvio Panizza

Biblioteca "SOCIOLOGIA E POLÍTICA"

Volumes publicados:

1.	*Nova Técnica de Convencer*	Vance Packard
2.	*Crimes em Desfile*	Gerald Sparrow
3.	*A Conquista do Prestígio Pessoal*	Vance Packard
4.	*Estratégia do Desperdício*	Vance Packard
5.	*Sociedade Nua*	Vance Packard
6.	*Vietnã: Herança Trágica*	A. Schlesinger
7.	*Os Honrados Corruptos*	Walter Goodman
8.	*Negro: Dilema Americano*	A. Rose & Gunnar Myrdal
9.	*A Essência da Segurança*	Robert McNamara
10.	*Escalada Para o Sucesso*	Vance Packard
11.	*A Arrogância do Poder*	W. Fulbright
12.	*América Latina: Estruturas em Crise*	Claudio Velis
13.	*Prisão Não Cura, Corrompe*	Sington & Playfair
14.	*Da Liberdade*	J. Stwart Mill
15.	*O Impasse do Democrata*	Edmond Cahn
16.	*Governo Constitucional nos Estados Unidos*	Woodrow Wilson
17.	*Ensaios Políticos*	David Hume
18.	*Segundo Tratado Sobre o Governo*	John Locke
19.	*A Democracia em Ação*	Francis Hankin
20.	*Religião e Democracia*	Roy F. Nichols
21.	*A Mensagem de Lincoln*	Abraham Lincoln
22.	*O Governo Representativo*	J. Stwart Mill
23.	*Senso Comum*	Thomas Paine
24.	*Carta a Respeito da Tolerância*	John Locke
25.	*Escritos Políticos*	Thomas Jeferson
26.	*Moral Para a Humanidade*	Herbert Schneider
27.	*Sobre a Natureza e a Liberdade*	H. D. Thoreau
28.	*Sobre a Constituição dos Estados Unidos*	Hamilton/Madison/Jay
29.	*Escritos Políticos*	John Adans
30.	*Metamorfose da Liberdade*	Ubiratan B. Macedo
31.	*A Tradição Conservadora do Pensamento Americano*	Jay A. Sigler
32.	*Os Estados Unidos e o Mundo*	Vários Autores
33.	*Ideologias e Política Moderna*	Vários Autores
34.	*O Governo de Nações Agitadas*	Charles W. Anderson
35.	*O Comunismo: Crítica Doutrinária*	Geraldo Meneses
36.	*Atire a Primeira Pedra*	Murtagh/Harris
37.	*O Animal Social*	Elliot Aronson
38.	*O Louco e o Proletário*	Emmanuel Todd
39.	*Liberalismo*	T. M. Greene
40.	*Utopia: Manual do Militante*	L. G. Teixeira
41.	*Técnicas de Campanha Eleitoral*	Carlos Figueiredo
42.	*Liberalismo e Justiça Social*	Ubiratan B. Macedo